翻轉學

翻轉學

學矽谷人做身體駭客保持體能巔峰

90天科學飲食、體能計畫，讓腦力、體力、心智發揮100%

A 90-DAY PLAN TO BIOHACK YOUR MIND AND BODY FOR SUCCESS

班・安杰 BEN ANGEL 著　姚怡平 譯

UNSTOPPABLE

免責聲明

本書內容僅供教育用途，不應視為就本書所述產品或服務用途提出醫療建議或其他任何建議。本書呈現的是作者在使用書中所述產品、服務、方法時的個人經驗，不代表出版社或其代理人背書或推薦任何產品、服務或方法。此外，本書的觀點、意見、建議是作者和／或此處提及之第三方觀點、意見、建議，並非出自出版社或其代理人。作者不是經認證或有執照的醫療專業人士，也不是本書提及之任何產品、服務或方法的授權代理人。本書的建議、策略、推薦可能不適合你個人的情況，作者與出版社對於相關內容（包括就嘗試類似健身法後獲得的任何形式益處或內容），不做任何擔保，也一律不予負責。作者與出版社建議讀者先諮詢有執照的合適專業人士和其他專家，然後再採取任何跟本書內容有關或以本書內容為基礎的行動。

Contents
目　錄

各界讚譽　7
前言　結合科學、科技、心理學和營養學的成功法　17

Part 1
為什麼達不到理想中的自己？

第1章　捨棄舊方法，用新策略找問題——消弭身分差距　29
第2章　邁向成功的核心關鍵——維持「生化狀態」平衡　51

Part 2
不受身心狀態操控，掌控命運

第3章　身心的雙向交流——生理影響心理，心理影響生理　81

Part 3

不讓恐懼成為主宰人生的元凶

第4章 沒有一體適用的成功法——找出你的成功標準點 121

第5章 營養失衡壞了你的情緒——營養補充品，讓心智變敏銳 161

第6章 讓體內加速平衡——益智劑大幅提升心理表現 183

第7章 破除舊有的腦神經路徑——穿戴式裝置是好幫手 215

第8章 心理排練，讓大腦做好成功準備——身心靈方向一致 249

Part 4

做自己的身體駭客

第9章 **面對人生十字路口**——使命感解決困惑，升級願景和動力 283

第10章 **量身打造的身體駭客計畫**——十三週讓你脫胎換骨 307

結語 變成身體駭客，你比自己所知的還要強 343

誌謝 345

參考文獻 349

各界讚譽

「起初拿到這本書時，認為這應該是一本成功學的書，怎麼會找上身為專業營養學的我呢？讀完才知道作者為了讓精神處於巔峰狀態，到處尋找方法。其實，影響成功的原因跟自己的專注力、集中精神、動力、自信、活力、拖延症有關，大部分的人都認為能向成功人士一樣有非常好的成就，就是克服了這些因素。但把問題問深一點，他們是如何成功的，作者認為除了心理狀態，生化狀態也很重要，也就是我們吃進去的食物營養，會影響身體賀爾蒙，間接影響我們的生化狀態，驅使我們做事的動力。真的是我們自己很懶惰嗎？還是你吃得營養、影響你的情緒，進而造成你的懶惰。這是一本結合了營養、心理和科學，讓大腦可以重新開機的成功書籍！」

——Ricky 張家祥，華醫生技營養顧問、Youtuber

「本書不給你心靈雞湯！取而代之的，是一條條立刻能實行的身體駭客策略。想要克服拖延、保持專注、創造更多結果，從生理下手是最直接有效的途徑。馬上執行本書的身體駭客計畫，不用一個月，你的生活就會有驚人的轉變！」

——Ryan Wu 吳冠宏，社群行銷專家

國際好評如潮

【奧運選手大推】

「掌握自己的人生，運用本書邁向成功。這本書秉持無所畏懼、不屈不撓的精神，引領你站上巔峰。書中載明可行的步驟、新時代的技巧、可依循的現實世界旅程，班．安杰會帶領各位大開眼界。」

——傑洛米．布魯（Jeremy Bloom），三屆世界冠軍、兩屆奧林匹克滑雪選手、前任國家美式足球聯盟（NFL）選手、Integrate 公司執行長、《以失敗為動力》（*Fueled by Failure*）作者

「我發現『閱讀資訊卻不應用』和『保留資訊供實際運用』之間有著莫大的鴻溝。本書提供一些工具讓你做出可行的改變，同時在這一路上給予全面支持，藉此要你做出改變。我

有幸得以閱讀本書，落實九十天駭客計畫！」

——狄恩．海恩斯（Dean Haynes），奧運舉重與綜合體能訓練（CrossFit）教練

【醫界也推】

「我大力推薦本書，但並非將內容當成替代療法的資訊，而是以此為基礎，方便日後跟醫療人員討論你的健康狀況，這樣才能找到對的評估方式、治療方法和專業人士，來協助你成為生產力高又快樂的人，你值得擁有這樣的人生。」

——希莉亞．狄尼茲醫師（Siglia Diniz），哈佛公共衛生學院（Harvard School of Public Health）碩士、專科受訓醫師、高效能教練，在醫學／公衛／研究領域工作超過二十年

「這本必讀之作不僅適合創業者，凡是想達到目標並懷有遠大夢想者，務請閱讀本書。本書深刻探討人類心靈，讓我們能憑藉心靈力量，擊潰消極樣貌，顯現出最好的一面。」

——辛西亞．亨利．梭羅（Cynthla Henry Thurlow），專科護理師、功能醫學營養師、思想領袖

「身為自然醫學師的我再怎麼推薦本書也不為過，窮盡一切方法引導人生重回正軌卻徒勞無功者，格外適合閱讀本書。我等不及推薦客戶看了！」

——荷托．高希（Hetal Gohil），自然醫學師，擁有營養學高級文憑

「你之前肯定聽過一堆成功必備的健康和習慣資訊，準備好深入探究並重新思考吧！本書會以超短的時間改變你的人生。若想在人生所有層面都有傑出的表現，本書是必讀之作。」

——瑪姬．伯高夫（Maggie Berghoff），名人健康專家暨功能醫學專科護理師

「本書講述一個男人踏上自我療癒之路的精采故事。班．安杰分享他的故事，以幫助面臨同樣或類似問題的人們。從他的故事可知，生理健康、情緒健康、心靈健康都務必要探究，還要懂得進行整體治療，而不是只拚命找出一種辦法。班不僅訴說自己的故事，也制定逐步的指南讓你用來治療自己。」

——莫妮卡．波頓（Monica Burton），婚姻家庭治療師，美國婚姻與家族治療協會（American Association for Marriage & Family Therapy）會員

【商界也推】

「我們討論成功人士時，往往會討論他們的習慣，比如，行為舉止、每天的例行公事、專心致力之處。那心智呢？班・安杰在這本書裡直接探討此主題，運用身體駭客策略來達成極致目標，讓你大開眼界。」

——伊凡・米斯納博士（Ivan Misner），
BNI商聚人（Business Network International）創辦人、
《紐約時報》排行榜暢銷作者

「不僅負荷過重又工作過量的創業者適合閱讀這本書，努力想擺脫身體、心智或過時的健康『照護』的拖累、發揮真正實力的人，也很適合。我讀了本書以後，在生活方式、飲食習慣、壓力控管、心態方面做出莫大改變。我從班的旅程中選出適合自己的方法，應對眼前的挑戰。結果，如今的我變成最堅強、最快樂、生產力更高的自己。再說一次，班・安杰，做得好。」

——莎拉・露意絲・畢米（Sarah Louise Bidmead），
Bohemia Business Solutions 行銷企劃與業主

【學界也推】

「班運用動人、全方位又務實的方法，完美分享他的知識、支持和精神，他提供的計畫也很容易照著做，誰都能應用。本書是無價的寶貴工具，可引領身心靈的整合，到達其他書籍無法觸及的地方。」

——翠夏．霍森（Trisha Hothorn），臨床社工

「班．安杰探究自己的大腦和心靈，帶領讀者踏上發人深省的旅程，內容令人信服，凡是期望達到目標並懷有遠大夢想者，皆應一讀。本書探討心智與身體之間複雜的互動交流，還提供一些工具來支持你成為最好的自己。」

——山姆．馬奇塔（Sam Marchetta），澳洲心理學家、國際教練聯盟（International Coaching Federation, ICF）認證教練

「這是本必讀之作。這本獨一無二的書籍深入探討疲勞與腦霧如何阻擋你邁向成功，說明意志力的論點何以無法獲致成果，反而帶來無止盡的罪惡感，講述你應以何種方式調整自己的身體，邁向安適和富裕，要如何安全又自然地駭進自己的身體和大腦，獲得更美好的人

生。我從來沒讀過哪本書能如此直指核心，而且我的閱讀清單可是長得要命呢！我發現有些書是在既有的知識上錦上添花，有些書是開啟全新的可能性，照亮先前未見過的關聯。班・安杰的這本書正是屬於後者的少數之作。」

——羅貝卡・哈溫博士（Dr. Rebecca Harwin）

【媒體界也推】

「如果你是憑藉決心獨自往前奔跑，卻仍在原地跑或往後滑，那麼本書就是一本內容豐富、令人大開眼界、經過完善研究的指南，可用來駭進自己的大腦和人生，推動自己往前奔去。班分享他用心投入的個人旅程，藉此引領我們閱讀詳細的藍圖，從而懂得怎麼駭進自己的大腦，做自己的身體駭客。」

——瑪莉－韋伯・沃克（Mary-Webb Walker），前美國廣播公司（ABC）電視台主管、AccentHealth 公司共同創辦人、「阿茲海默症協會」立法倡議者、健康管理教練

「終極的身心駭客。以開創性的嶄新角度，處理多數人還沒準備好要解決的普遍問題。班擁有激勵人心的經驗和獨一無二的旅程，帶領你重新仔細思考是什麼因素阻攔你變成身體

駭客。」

——坎蒂絲・阿維勒斯（Candice Aviles），Channel 10 新聞主播、《遇見大廚》（*Meet the Chef*）主持人

【文藝界也推】

「這不只是本心靈勵志書籍，更是寓教於樂、啟發人心，並且帶來自主力量。安杰詳細列出建議，教導大家照顧內在健康並關注身體與心智的關聯，從而充分發揮自己的能力。」

——克莉絲蒂・李斯特（Kristy List），獲獎的藍草樂風歌手

「離開憂鬱、疲勞、身心俱疲的惡性循環，無論是什麼在阻攔著你，都跳脫出來吧！這本書裡有激勵人心的故事，有提高動機的方法，更有務實可行的策略，不但能克服心理障礙，戰勝的範疇之廣，更是超乎想像！」

——皮特・威廉斯（Pete Williams），《節奏：事業快速成長的故事》（*Cadence: A Tale of Fast Business Growth*）作者

【一般民眾也推】

「多年來，我經常有格格不入的感覺，也一直努力找出個中原因。恐懼症糾纏我長達四十年，多方面主宰我的人生，幸好有本書提供的策略，我成功克服了。對於班，我再怎麼言謝也不夠！這本書改變了我的人生。」

——翠西・溫奇斯（Trish Wumkes），克服長達四十年的恐懼症

前言

結合科學、科技、心理學和營養學的成功法

我當時出了大問題，可是再怎麼努力，也說不出個所以然。當年我三十四歲，剛完成最後一場澳洲全國巡迴演講。聽眾一離開會場，門一關上，我立刻躺在地上，筋疲力盡。那一整天，我心神不寧，思路混亂，一度話說到一半還問聽眾我剛才在講什麼。而且，這種情況也不是第一次了。

二〇一四年，我出版了第三本暢銷書《跟朝九晚五說掰掰》（*Flee 9 to 5: Get 6-7 Figures and Do What You Love*），在結束獨行的美國和加拿大巡迴發表會返家後，開始出現嚴重憂鬱、倦怠、焦慮的狀況。憂鬱是我的宿敵，原本已在我掌控之下，卻捲土重來。這次儘管我做了再多個人成長訓練、靜觀、營養補充、運動、健康飲食，使了再強的意志力，仍舊沒有用。憂鬱緊抓著我不放，有如揮之不去的惡臭。這道漩渦把我往下拉，再多的「正向思考」也沒辦法帶我脫離。一切變得難以負荷，就連我工作時喜愛聆聽的音樂也變得討厭。

突然間，我的大腦無法處理光線、噪音和社交活動。我再也無法應對社交場合，便搬到

澳洲另一端，切斷與朋友的聯繫。我的活力不足以保持清醒，遑論與人對話或上台演講。我熱愛閱讀和書寫，現在卻變得太耗神，令我無法思考。我的長、短期記憶雙雙衰退，講話也變得含糊不清。

不管我再怎麼努力隱藏，大家都開始留意到了。我的內心滿是自我懷疑與恐懼，清醒的每一刻都痛苦難堪。更糟的是，我有了自殺的念頭。

我很氣自己，因為腦海裡不斷反覆播放著：「我應該要聰明點！我應該要懂得怎麼處理！為什麼我沒辦法一直集中精神？為什麼這次想不出解決辦法？為什麼這次不能像以前那樣有動機、有動力？我的信心和活力到底去哪了？為什麼我會覺得自己再也不夠好？」還有：「我到底他媽的出了什麼問題？我知道自己的能力不只這樣！」我彷彿從飛機上墜落，沒有降落傘，只等著摔落地面，同時迫切希望在我猛然摔到地面前，有人先接住我。

我跟許多人一樣，誤以為運用心靈成長的方法就能自我療癒。多年來，這種方法一直很有用，但這次行不通，我想找出原因。

我前往阿得雷德（Adelaide）、墨爾本（Melbourne）和杜波（Dubbo）看了幾位醫師。我說明症狀，卻都聽到自以為是的答案：「大部分的人累了就不健身了。」「你看起來很結實又健康，應該沒問題。」「你很沮喪嗎？」我是這樣沒錯，但原因並不是他們以為的那樣。

最後一位醫師說我必須接受這些症狀，我注定要這樣了，我流著淚走出診所。

這時，我才首度領悟到，醫學界讓我失望了二十多年，醫師受到的訓練是診斷症狀，而非找出原因。我要找的是不依循傳統做法的醫師，願意透過最新的醫學進展和科學研究，深入調查探究。我要找的是有遠見的醫師，明白傳統模式帶來的害處多於益處。

我想挖掘出根本原因，不想依照那些醫師的建議，將一切掩藏起來。他們根本沒人知道確切原因。日復一日，我的挫敗感愈來愈深，瀕臨徹底心理崩潰的邊緣。

你曾有過想達成的目標，但成功卻老從指縫溜走的經驗嗎？你曾懷疑過自己，覺得自己沒能力，在有所突破前就先撒手放棄嗎？你只因覺得自己再也沒什麼能付出，就放棄自己、放棄夢想、放棄使命嗎？你明知自己有能力做更多，卻不曉得怎麼發揮能力嗎？你讀過的個人成長書籍、聽過的播客（Podcast）節目、參加過的輔導或療程無以計數，結果卻回到起點嗎？碰到這類困境，就算你意志力再強，也無法解決。

「忙碌到死」的文化誇獎著那些工作到英年早逝的人，而且認為你意志薄弱。他們會說：「你只是在找藉口！你工作不夠努力，懶惰又失敗！」更糟的是，他們會對你說：「全都是你想像出來的，只要再加油點就行了！」

不過，萬一不全是你想像出來的呢？萬一你的藉口是更深層的問題表現出的症狀，並非態度不佳使然呢？萬一是食物、心情、營養不良、腸道健康、發炎、活力、藥物和心理狀態之間無數的科學關聯遭忽略，所產生的危險後果呢？萬一把「拚命做事」的文化、個人成長、治療模式和醫療模式分開來看，其實是過度簡化呢？這類成功模式無法著眼於更大的格局，看不清哪些因素會影響人類的情緒、行為和表現。更糟的是，萬一這種文化最後會讓大家以為自己毫無價值呢？

每次我們登入社群媒體，就有一堆文章談論最佳的起床時間，還有部落格貼文講述富人為提高生產力而養成的習慣，有人會張貼相片表現出自己正過著最美好的生活（#Iwokeuplikethis），這些全都是要幫助我們變得更聰明、更敏捷、更健康、更有生產力、更有自主力量。不過，萬一我們以前都弄錯了呢？萬一成功的原因不光是忙著邁向目標、早點起床、工作到深夜、把自己逼到極限呢？

四年前，我在生理上、心理上和事業上都達到巔峰。我開設網路行銷課程，供數千名各國創業者參與。還在澳洲各地的商業與個人成長活動上，對著數千名聽眾演講。我的聽眾來自地方政府、州政府、大學和公司（如豐田汽車），演講主題涵蓋商業、行銷、銷售、個人成長和個人品牌塑造等。

我為企業客戶提供一對一的諮詢服務，協助客戶提高全國業務量。我往返紐西蘭與澳洲兩地與知名客戶合作。我算是澳洲商業媒體的老面孔，每個月都撰寫文章並接受訪談，還樂在其中！澳洲版《瀟灑》（*GQ*）、《美麗佳人》（*Marie Claire*）等無數雜誌採訪過我，視我為澳洲數一數二的個人品牌塑造與行銷專家。

每次踏上講台演說，我就活了起來。我運用這股活力寫出頭三本書籍，當中兩本更成為暢銷書，而且三本都在三十至四十天內寫完。我的大腦可說是馬力全開，你不會相信我的專注力有多強。沒什麼事太困難，沒什麼問題無法解決。我運用這股活力和專注力，每天只花四至五小時就打造出銷售額超過一百萬美元的網路教育事業，而且僅雇用兩名兼職員工。

然後，一切都變了。我什麼都不想管了，個中原因我無法釐清。我陷入困境！我逃離不了，現在這種勉強撐過一天的狀態，肯定也無法做全職工作。我的履歷表上肯定會寫著：「常打瞌睡的積極員工。」

二〇一七年，我打包行李飛往美國。

其實，我知道自己有能力做得更多，可是基於某個理由，有人把門上的鎖給換了，我開不了門。我的靈魂有意願，身體卻虛弱無力。某個炎熱夏日，我怕不受控的情緒不曉得會把我帶到何處，連喝了好幾杯綠茶，逼自己想出解決辦法。我不願放棄十年辛苦工作的成果，卻也心知肚明，在心靈勵志書籍和醫師診間找不到答案。我試過了，但一敗塗地。我想知道原因！

我在身心疲憊不堪的狀態下，偶然聽了《紐約時報》暢銷作家戴夫．亞斯普雷（Dave Asprey）的有聲書《防彈腦力》（*Head Strong*），他講述自己運用身體駭客*技巧減輕疲勞感，讓身體和大腦恢復健康。他帶給我一線希望。

身體駭客的概念就是改變體內與體外的環境，藉此完全掌控生理狀態，強化身心與生活。近年來，身體駭客的概念愈趨流行，許多人都體悟到一點，掌控健康並做好萬全準備，就能獲得數不盡的好處。

於是我做出最不合邏輯的事。我向《企業家》（*Entrepreneur*）雜誌提出寫書的想法，說我要進行九十天的任務，根據我從身體駭客、腦神經學家、醫師、心理學家那裡獲取的知識，運用身體駭客的技巧調整身心，並擬定一套計畫，讓大家能依循並實際應用。這不僅代表我的狀況會好轉，還能持續大幅提升表現並更加精進。

然而，為了做到這點，我必須提出大家多年來反覆在問的問題，還要站在截然不同的角度看待問題，構思出從前未曾想到的全新答案。那些問題我以前只獲得過度簡化的答案，可是我想要的是全面又確切的答案。問題茲列舉如下：

- 為什麼人們無法真的改變？
- 怎樣才能提升記憶力和信心？
- 到底是哪些因素阻礙人們成功？
- 什麼是拖延症的根本原因？是心理原因？生化狀態？或兩者皆是？
- 為什麼我們覺得壓力很大？哪些方法最能快速消除壓力？
- 為什麼我們老是在找藉口？只是因為我們懶惰成性嗎？還是所有心靈勵志大師都忽視了背後的根本原因？
- 怎樣才能提升專注力，並增加動機？
- 怎樣才能傳達自己的使命，並過著有意義的人生？
- 駭進自己的身體，獲得無窮活力、清晰感、專注力的最佳方法是什麼？
- 怎樣才能將大腦重新開機、重新想像人生、重新喚醒靈魂，以達到勢不可擋的地步，任何目標或夢想都能達成？

＊ biohack，又譯為「生物駭客」，全書統一稱作「身體駭客」。

回頭去看，九十天的目標看起來好瘋狂，畢竟我提出寫書概念時，連一個句子都快串不起來，突然間就要設法解決連醫師都解決不了的問題，還要寫一本書，應用腦神經學、身體駭客、科技、心理學來講述新的成功法。話說回來，我有什麼損失呢？

當時，我再也無法運用認知能力，也沒了動力，以為寫作職涯就要告終，多虧雜誌和出版部門欣然接受我的想法。老實說，我不曉得這趟旅程會怎麼發展，但我很快就不會有太多選擇了，於是就用盡僅剩的意志力和活力尋求答案，比如從澳洲飛往加拿大和美國。

假如意志力是備用油箱裡的燃油，那麼我的油箱裡就只剩一滴，要盡量聰明運用，替身體、大腦和靈魂重新添加燃料，並重新開機。

要達成這個任務，唯一的方法就是消弭我的「身分差距」，也就是消除我現在的模樣和為了達目標而得成為的模樣之間的落差。**身分可左右想法、行為和行動，讓我們在意識層面和潛意識裡，對成功或失敗做好準備。身分可以局限也可以拓展思維與成功的能力，視我們在特定時間扮演的身分而定**。假如你本質上是個畫家，那就做不好會計的工作。

成功的能力受限於心中的自己是何模樣，受限於生化狀態允許自己成為的模樣。我們終其一生扮演各式各樣的身分，比如母親、父親、兄弟、姊妹、創業者或員工。不過，哪個身分可以讓自己發揮潛力，並過著盡情揮灑的人生？

我們得要有所提升才行，要變得更精進，做得更多，擁有更多，要能促成改變，並永不停止改進。這是美好的自我提升過程，在追逐目標時，成為更好的自己，這段過程不僅可以拓展我們的能力，更能鼓勵我們成長。我們之所以會失敗，是因為做不到自我提升，從而無法解決不可避免的問題，無法有所突破。

我為了找出新的答案，前往世界各地會見頂尖的身體駭客、腦神經學家、醫師、微生物體專家。我試過用來釋放人類潛能的最新穿戴式裝置，其中多款還是由美國國防部與國防部先進研發計畫署（Defense Advanced Research Projects Agency, DARPA）資助，軍方和奧運選手都在使用。我試過用最新的聰明藥來改善專注力、心情和認知，還會見了創新醫藥領域的頂尖人士，他們進行全面的實驗室測試，找出會影響我心情與動機的生理問題。

你將會知道藥物、營養不良和食物如何影響我的行為，我做出哪些改變來修正行為，前述因素如何影響生活。你還會知道我如何用最新神經技術裝置來訓練大腦集中精神，如何利用四週綜合體能訓練（CrossFit）來測試身體。你會目睹我在做以下實驗時，經歷的各種變化：間歇式斷食法、五花八門的飲食法、追蹤睡眠狀況、服用無數的營養補充品和試用不到三十秒就能減壓的科技產品。

為了找出一些答案，我甚至還跑去過火，赤腳踩過火紅的炭堆！雖說如此，但過火可能也沒洗腸那樣害我緊張得要命。我找出的結果真的令人瞠目結舌。我運用真正的成功學，整個人恢復健康，還在過程中幫助他人。接下來，我會深入探討真正的成功學，而非太過局限的簡化版。在這趟旅程中，你也會看到一些人憑藉毅力克服重大挑戰，運用身體駭客的技巧，一路往上爬，在所屬領域變得勢不可擋。

歡迎你立刻加入我的行列，踏上不可思議的絕妙旅程。繫好安全帶吧！這堪稱為獨一無二的旅程，你會經歷驚人的典範轉移，跨入未曾想過的成功學領域。

Part 1

為什麼達不到理想中的自己？

第 1 章

捨棄舊方法，用新策略找問題——消弭身分差距

我瀕臨崩潰邊緣，起了自殺念頭，不知該向誰求助。在那一刻，我的人生完全是個謊言。在眾多專心致志的創業者與公司面前，我的形象是「有影響力的人士」，但我甚至無法激勵自己望向下一個目標，並為此惱怒不已。

我的夢想就是搬到紐約，繼續當作家。這個目標我想過無數次了，我看見自己走在繁忙的紐約街頭，前往咖啡館和餐廳，沒錯，甚至還要住在紐約經典的連棟房屋裡，像《慾望城市》（*Sex and the City*）裡的凱莉・布雷蕭（Carrie Bradshaw）一樣，坐在窗邊寫作（別用異樣眼光看我）。然而，基於一些我也記不得的理由，我甚至無法望向待辦清單，太難以負荷了。我很快就會變成業界眼中的過氣作家，夢想愈來愈遠，無法觸及，再怎麼拚命說服自己我很好，也行不通。其實，我不好，而且沒人找得出原因。

你或許會有同感吧！明知道自己有能力做得更多，可是出於某個理由，無法充分發揮能力，無法憑藉個人的使命、願景和目標來表現出自身的能力。你總覺得無法觸及夢想。此外，不論再怎麼拚命拓展能力，想伸手抓住夢想，卻總是碰不到。你拚命說服自己，只要早點起床，只要更努力工作，只要為達目標窮盡一切手段，這樣就能辦到了。可是，你一次又一次錯失夢想。

是自己的關係嗎？是自己態度不好嗎？只是需要變得堅強嗎？哪些事是超級成功人士做

到而我們沒做到的？為什麼我按照成功人士的策略做事，卻得不到他們的成果？

我們都被如此教導：傷心時，就要更正面思考；生氣時，就要找到平靜；拖延就是懶惰；找藉口就是軟弱。都是你自己想像出來的，挑本心靈勵志書就能克服。

不過，如果去看醫師，抱怨前述症狀，醫師就會診斷你有憂鬱症，要服用抗憂鬱藥來處理大腦化學物質失衡的狀況。就算那樣，醫師還是沒能花時間找出你衰退的原因，這都要拜醫師所受的訓練、他們的態度和時間有限所賜。

更糟的是，心靈勵志領域認為只要灌輸動機和勵志故事，就能解決前述症狀，同樣沒想找出根本原因。

我有了這層體悟後，不由得想問：「如果這些是我的症狀，起因是什麼？」

我們這輩子全都經歷過大大小小的挫敗，有些還特別嚴重。二〇一八年，我的團隊以全球兩千名創業者為對象，在臉書進行線上調查，有了以下發現：

- 七五％的人有過腦霧。
- 八二％的人有過拖延症。
- 八二％的人很容易分心。

- 六五％的人很容易覺得難以負荷。
- 七一％的人有過很大的壓力。
- 五八％的人起床後覺得精神不好。
- 四七％的人有過悲傷的感覺。
- 六二％的人一整天的活力時高時低。
- 六五％的人陷入負面心理回饋迴路。

前述數據非常驚人，一堆人經歷的症狀跟憂鬱症有關。這個特定群體是對目標懷有熱忱的高動機者，他們參與的工作團隊組成分子往往是商界傑出人士，但當中卻有一堆人心理不健康。而受到生物因素影響，他們當中會有多少人還沒達成夢想，就先筋疲力盡？

更仔細探究，就會看見背後有根本原因引發前述症狀。我深信我們有能力治好自己，拋開這個「疾病」，獲得難以達到的安適狀態。美國的情況格外如此，醫師開立處方藥處理這類症狀的情況十分氾濫，而且醫界還不願意用問卷調查取代處方箋，來找出人們出現衰退情況的根本原因。

身分差距是常態，卻徹底被忽視

我的故事並不是例外，常態就是如此。我的症狀都是根本問題的反映，個人成長產業與醫療專業人士卻對此徹底忽視。

就好比溫水煮青蛙，我們也毫無所覺的習慣了自身苦痛，等到出現嚴重症狀，必須接受醫療處理，才認知到問題有多大。那時，就只能採取焦土政策，無法訴諸預防手段。

前述症狀皆會降低心理處理新資訊的能力，讓我們更難消弭現在的模樣和為了達到目標而得成為的模樣之間所存在的身分差距。此外，我們認為自己能成為的模樣和自己實現願景的能力，也格外會因此受到限制。就算是輕微的症狀，也會猛然把我們拋回最糟糕的狀態。

等我到澳洲新南威爾斯州（New Southe Wales）杜波市看醫師，又經歷了一遍醫師自以為是的互動交流，我才首度有了重大領悟。

不是因為沮喪才累，而是因為累才沮喪

我不是因為沮喪才覺得很累，我是因為很累才覺得沮喪。我想知道自己很累的原因！因疲勞而沮喪，這一大發現有助找出解決辦法，不僅能處理我的症狀，還能達到我的目標，並從頭重寫我的成功模式。如果能找出疲累、找藉口和拖延的背後原因，其他事情就會水到渠成。我終於又能找回動機和動力，不再找藉口，重新燃起活力和熱忱，全心投入以前熱愛的專案。

我跟數百萬人一樣，剛開始都是輕微症狀，馬上就覺得沒什麼，只不過是工作過度、心理軟弱或熬夜趕最後期限所致。過去我贊同「做就對了」的人生觀，未充分意識到後果。靈魂有意願，身體卻虛弱無力，那麼靈魂要從事的任務，身體就無法實踐。我的靈魂不僅是做好萬全準備，也有意願，更有能力。這十五年來，我讀過的心靈勵志書、參與過的研討會、鑽研過的激勵型策略不計其數，儘管如此，還是發現自己掌握的資訊非常不完整。

我們在別人的教導之下，會以為心理狀態是成功的第一關鍵要素；除非你是菁英運動員，除非你經歷顯而易見的嚴重生理症狀，否則生物化學這項要素根本沒聽過。然而，就算是輕微的生化問題，也會妨礙你達到目標。

如果人要有思考能力，要能在工作上、人生上享有競爭力，那麼策略規劃、心態、意志力就是不可或缺的三大要素。只要具備這三大要素，就能上場競爭。不過，**良好的生化狀態可以提升耐力、毅力，進而加快成功的速度**。

我們往往自然而然以為自己在生化狀態上相當於東尼．羅賓斯*、理查．布蘭森**、達賴喇嘛等頂尖人士。然而，他們當中有些人會積極處理自己的生化狀態；有些人則是具備本書探討的部分要素，走了好運，生化狀態天生不易受壓力、腦霧和悲傷的影響，因此有利清除一路上的障礙，順利邁向成功。

此處不是在說他們並未經歷這類苦痛，只是他們的苦痛是在可控制的程度。也不是在說他們不努力工作，只是他們在生物化學層面很健康，奠定穩固的根基，各種能力從而蓬勃發展，所以才看起來沒那麼努力。

我們會仿效他們的策略。我們會想知道他們何時起床、吃哪些東西、怎麼思考、有什麼核心信念和閱讀習慣，可是我們絲毫未曾想過，每個人在生物化學層面都是獨一無二的。每

* Tony Robbins：美國作家、頂尖演說家、激勵大師，也是成功導師。
** Richard Branson：英國維珍集團（Virgin Group）創辦人，時常有驚人之舉，憑著大膽不設限的眼光，讓集團成功橫跨許多領域蓬勃發展。

個人處理食物、想法和情緒的方法各不相同，這背後有無數的影響因素，而我們在追求個人成功時，卻忽視那些因素，唯有目標是減重時才有了例外。

誰都能像超級成功人士應用同樣的心理準則，但若嚴重缺乏維生素D、Omega-3、維生素C、維生素B_{12}、多巴胺、血清素，甚至是睪固酮（男女皆是如此），就會經歷輕微至嚴重不等的腦霧、疲勞、嗜睡、焦慮、壓力和憂鬱，這些症狀全都會嚴重阻礙你持續集中精神及達到目標的能力。好比把植物種到有毒的土壤裡，一廂情願希望其成長茁壯，那麼無論再怎麼跟植物說任何事都可能發生，植物還是會死掉！

如果忽視生化狀態，別人教我們應用的心理準則的效果也會打折扣。隱而不顯的因素阻礙我們，看不見的手抓住我們，不讓我們跨越終點線。而少了這類資訊，為提高生產力及達到巔峰表現而擬定的策略，就變得不完整又成效低落。

我們並未意識到自己的生化狀態失衡，反而對目標加諸負面情緒，判定目標本身太困難或高不可攀。結果，我們落入自我挫敗的想法中，比如：「我太累了。」「我沒時間做這個。」「有什麼意義？」「我覺得難以負荷。」「我壓力很大。」為避免這種情況發生，也許我們應該問自己以下幾個問題：

- 假如不只研究高成就者、最有創意的人士和左右局勢的大富翁的習慣，還納入他們的醫療資料，包含血清素濃度、多巴胺濃度、微生物體的組成，編纂成資料庫，然後將他們的資料跟經常放棄、找藉口、負面情緒更強烈的人進行比較，會有什麼結果？
- 生物化學結果不佳，會影響他們跨越終點線的能力嗎？生物化學濃度會影響高成就者克服挫敗、跨越終點線的能力嗎？懂得這些生物程序的話，就能確切理解成功人士何以出現特定行為，而非只看他們的心理態度和教養嗎？
- 如果多巴胺和血清素的濃度低落，人的行為會隨之改變嗎？
- 成功、有自信的人士會因營養不良導致身心失去活力嗎？
- 如果我們能在他們遭遇重大挫敗時，觀察其體內的生化濃度，會有什麼發現？
- 在他們遭遇重大的生理與情緒挫敗時，檢視人生中的其他層面，會有什麼發現？他們當時吃了什麼？他們的行為是怎麼改變的？不只看他們的態度，身體上還有發生什麼情況？

我們當然會暫且擱置編纂這類資料庫所導致的道德困境，畢竟前述問題純屬假設。我們唯有處於衰退狀態或嘗試減重時，才會把生化狀態納入考量，設法自我提升時卻不會。我們達不到目標時，就好像在暗示我們是心理態度軟弱，而非生化層面軟弱，只要獲得適當協助就能快速扭轉過來。要達到實質的個人轉型，就必須應用生物化學和心理學，才能做到長久改變。否則我們就會回到容易做的那邊去。

大腦虛弱時，就會成果不振。根據我們對兩千名創業者進行的研究調查，發現一項令人意想不到的結果，但其實事後想來也是非常顯而易見。經歷腦霧的人中，竟然有五七％至六五％很容易分心、經常拖延、思路混亂、覺得負荷過重又傷心，還有嘴饞的狀況。這是主要的生化因素，導致生活脫軌、容易放棄。有了這項發現，我更認為成功不是只看心理因素，或只看生理因素，而是身心因素都要看。

要做到真正的成功，不僅要處理心理層面，更要處理化學層面。我以全新角度看待這項難題時，對心靈勵志領域的認識因而有所動搖。我跟別人一樣，誤以為光憑意志就能甩掉藉口、拖延症、腦霧、負面想法和悲傷，如果是沮喪就需要藥物幫忙。

不過，萬一這是錯誤認知呢？

心理學對人的成就有多重要呢？而生物化學呢？

其實，心理能力無法彌補生化層面的欠缺。雖說會有幫助，但除非你處理並理解根本問題，否則逃避和拖延的情況就會持續下去。唯有生化作用處於巔峰效率並支持身體達到最佳表現，個人成長的實踐才會獲得成效。

陳年的老問題，要用新做法解決

心態和生理，你會先處理哪個？過去，我們會挑一本心靈勵志書，或向治療師求助，而治療師不一定會處理營養不良的狀況。

前述做法在十年前或許行得通，但後來的環境與食物供給有了重大轉變，加上光害、社群媒體帶來的心理影響，這些已開始左右我們日常的行為，只是我們的史前大腦還沒跟上今日科技進展的腳步，生化狀態還待在演化的舊日時光裡。結果，我們一天二十四小時緊盯著電腦、手機和筆電螢幕，我們對科技上癮，行為深受影響。

根據研究顯示，社群媒體和應用程式公司運用科技打造出容易上癮的平台，我們在不知不覺中為此付出代價。[1] 那些媒體和公司使用可愛的表情圖案，追蹤我們使用應用程式的次數，從而培養出容易上癮的社群媒體習慣。這些習慣會讓使用者開心，還讓他們覺得自己需要再做一次，藉此獲得短暫的愉悅。

臉書確實能操控多巴胺這種神經傳導物質，藉此獲得經濟利益。多巴胺亦可稱為「獎賞化學物質」，它負責掌控大腦的愉悅—獎賞系統，可讓人擁有動力和專注力，從而提高生產力。可惜，我們並不是總能察覺到這種情況，等我們發覺人生其他層面受影響，才終於有所察覺。

多巴胺是下列大腦機能的關鍵成分：睡眠、學習、動作控制、工作記憶、集中精神和專注的能力。[2]帕金森氏症、注意力不足過動症（ADHD）等症狀，都有多巴胺濃度異常低下的情況。換句話說，是高壓和我們現在居處的現代世界造成多巴胺濃度低下，從而導致社群媒體成癮嗎？藉口、拖延症、腦霧可能是多巴胺濃度不足的症狀，而非原因。

於是，我頓時靈光乍現，看清顯而易見的事實，我的**藉口、負面思考模式、缺乏動力和動機，原來並非純粹心理態度軟弱所致**。問題出在神經傳導物質不足，還有其他各種因素。沒人天生毫無價值、沒用又虛弱，我們終其一生都起伏不定。本書通篇在在提醒讀者，人生並不是一場對照實驗。

正向思考無法用來彌補營養不良的情況。可惜我們並未認為血清素濃度低會導致下列不明顯的症狀：自尊低落、憤怒、嗜食碳水化合物、消化不良、覺得難以負荷、失眠、不快樂、腦霧和認知機能不佳等。我們反而怪罪自己表現不如別人。[3]

知道這點以後，那麼我體內的化學物質會不會引發拖延症、恐懼、焦慮、而且讓人更容易放棄？我以前只是短暫經歷前述症狀，而且症狀向來都會消退，但這次卻是深深扎根，我不得不挖出來。至於本段落一開頭提及的問題，簡短的答案就是一聲響亮的「是！」

原因不在於你，而是你的生化狀態。

舊有成功法無法讓你成功的原因

舊有的成功法有個最大問題，就是無法搭起生物化學與心理學之間的橋梁。生物化學與心理學的關係密不可分，可是數十年來，醫療體制、個人成長產業、心理學家、自然醫學師、營養師、治療師向來都是把生物化學的方法和心理學的方法給區分開來，要麼強調心理學，要麼強調生物化學，就是沒有結合兩種做法。

等到所有醫藥療法都整合起來，才會真正有所進展。這情況已開始出現在功能醫學領域，而健康照護的做法，以及我們對自己、對成功學的想法，都會獲得全面革新。然而，在探討成功之前，先來談談失敗吧！

長期的「戰或逃」反應導致慢性壓力

失敗不只是多巴胺濃度低所致，問題也出在控管「戰或逃」反應。壓力很大時，人體的體神經系統會引發「戰或逃」反應。人體會切換到高速檔，活力資源要麼是用在擊退威脅，要麼是逃離敵人。

「戰或逃」反應會釋出腎上腺素和皮質醇，這兩種荷爾蒙會觸發一連串的體內作用，例如呼吸急促、心跳加快和四肢血管擴張等，從而致使消化系統增加血流裡的葡萄糖濃度，以因應緊急狀況。緊急狀況結束後，一切就都恢復正常。[4]

然而，如果這種情況持續好一段時間，慢性壓力就會導致一些問題發生，例如認知障礙、情緒不穩和生理疾病等。

情緒上的症狀有煩躁、心情起伏不定、覺得難以負荷、無法放鬆、自卑、覺得不中用、憂鬱、孤立。生理上的症狀有頭痛、沒活力、胃不舒服、肌肉緊繃、胸痛、失眠、感冒和感染疾病、沒欲望、緊張、打顫或吞嚥困難。壓力也會引發認知症狀，例如思緒飛躍、健忘、組織力紊亂、無法集中精神、腦霧、判斷力不佳、悲觀和經常擔憂。[5]

壓力，讓人嘴饞，想吃糖

壓力也是原因之一。在兩千名受訪者中，竟有七一%表示自己有過很大的壓力，而且有個現象頗有意思，壓力會導致嘴饞，尤其想吃糖和精緻加工食品。消化這類食物會釋出血清素這個神經傳導物質，帶來一陣陣冷靜和放鬆的感覺，暫時重獲專注力，直到血清素濃度逐漸降低。

根據研究報告顯示，有過腦霧、覺得難以負荷、擔憂、悲傷的受訪者中，五七%至六五%也有嘴饞症狀。

血清素濃度低下就會嗜食碳水化合物，這是因為消化食物期間，會釋出血清素這種「愉快感」化學物質。結果，負面回饋迴路促使人們食用過量碳水化合物，讓自己心情變好。所以承受莫大壓力的人經常出現嘴饞症狀。[6]

而要連結到我們無法成功的原因，就要看日常會造成影響的兩大因素。我們嘴饞或有壓力時，就會觸發「戰或逃」反應，帶走前額葉皮質的血液。前額葉皮質負責控制各種執行機能，例如協調、衝動控制、情緒反應、性格、專注力、組織力、複雜規劃和安排並列資訊的先後次序等複雜行為。[7]

於是以下的惡性循環就此產生：血糖降低，導致嘴饞度增加，然後皮質醇往上衝，對衝動、注意力、情緒反應的控制能力因此受限。我們吃進甜食或高度精緻碳水化合物後，血糖增加，之後血糖會突然下降，導致腦霧、無法集中精神、失去動機和達不到目標。

大人會限制兒童的糖分攝取量，設法避免兒童陷入這種惡性循環，但一涉及自身的心理安適感，卻覺得這沒什麼。就算一堆公司推出的眾多產品含有大量的糖、蔗糖素、精緻碳水化合物、咖啡因、防腐劑，從而導致人們清楚思考的能力受影響，但只要產品標有「健康」二字，我們也就上當了。

血糖下降或承受很大的壓力，大腦就會切換到求生模式，讓人願意冒更大的風險，原始腦就進入高速運轉狀態。這樣的改變會導致性格、心情和身分認同一整天起伏不定，可能早上動機很高，到了下午就寧願坐在沙發上看電視，畢竟那天的心理能力都已經耗盡。

在這種原始狀態下，大腦的主要目的就是維持生命，而非讓人持續集中精神在達成目標上。在維生所需的關鍵機能量表上，達標這件事甚至得不到分數。在這種狀態下，亦即在自保模式下，人體會預設專注於維持現狀，不理會其他事情。

問題就在於人們多半無法關掉自保模式，或者說，就算關掉了，很快就會再度出現，從而致使情緒起伏不定，有如坐雲霄飛車，也無法準時完成原先的計畫。自保模式有多容易再度出現，就要看我們如何學會處理可能出現的威脅，當中的要素非常多，例如教養、基因、荷爾蒙（像是血清素、多巴胺等）的濃度等。**血清素或多巴胺的濃度低落，挫敗感就很容易處理不好**，你就較有可能具有反應式的體內環境，而非回應式的。

今日的生活方式每天都有一堆壓力因素連番轟炸我們，原本看似無關緊要的某處，開始有一顆顆石頭滾下山坡。壓力因素列舉如下：對不健康的食物起了反應、過敏、壞消息、失眠、汙染、有敵意的同事、經濟壓力、太多咖啡因、關係衝突、家庭問題、持續不斷的壓力或街上某個人的厭惡表情。壓力開始加快速度，結果造成其他問題出現。這情況發生得很緩慢，我們起初並未留意到。

到了那時候，就算拚命要在壓力滾過來以前逃開，也是無濟於事，畢竟認知機能已失去作用，就像在關了燈的房裡找鑰匙。

要找到開關，就必須改變身分和燃油來源，讓精神和身心同時重新開機，就算只是一下子也好。

舊療法只治標不治本

我跟醫藥、精神醫學、個人成長、身體駭客、神經回饋、生理回饋、腦神經學等領域的專家談過以後，發現一件很有意思的事。這些專家各有獨到的成功祕訣，卻很少將祕訣整合成一套連貫的原則，沒能讓嚴以待己的人做到長久的改變。這類原則部分列舉如下：

- **醫療法**：診斷及治療疾病時，經常開立藥劑處理症狀，但未必能找出根本原因並予以解決，導致可能出現副作用。主張身體是由獨立的器官組成，並依醫學上的特質加以劃分。
- **心靈勵志法**：提高認知，找出哪些行為會損及自我，藉由說故事來激勵人心，利用一點心理學的手法，鼓勵客戶改變信念並仿效超級成功人士。可惜這種療法無法辨識營養不良的情況，而營養不良會導致前述行為出現。這種療法或許能帶來短期成功，卻做不到長久改變。客戶會一時獲得意志力，用完就會回到舊有的「預定模式」。
- **療癒法**：涵蓋許多療法，例如認知療法、正念療法、行為療法、人際關係療法等。這類療法類似心靈勵志法，會導致患者未對生化狀態做出根本改變，而且在患者何以缺乏動機、動力、專注力、冷靜的問題上，只給出部分答案。

功能醫學領域正在為疾病的療法帶來改變，不僅找出疾病的根本原因，而且加以解決。**傳統醫學主張人體是由獨立的器官組成，功能醫學主張人體是整合的系統，目標是治療整個人體，而非只治療症狀**。

我從訪談的專家得來的見解，再加上九十天內試驗過無數營養補充品、飲食、正念策略、穿戴式裝置，使我得以由下而上改寫成功學。我採取一套全面的功能醫學做法，學著達到巔峰表現，進而引領你找出身分差距，在競爭中脫穎而出，變得勢不可擋。

挑戰一

Halo Sport：專為運動訓練打造的科技產品，特戰部隊愛用。

這是我的第一個穿戴式裝置，拆開包裝時，我真的很興奮。那是黑色的 Halo Sport 頭戴式耳機，使用者有奧運、美國職棒大聯盟（MLB）、NBA、NFL 等的菁英運動員，用於改善肌耐力和肌力。

Halo Sport 會在訓練期間以電流刺激運動皮質（此大腦部位負責管控肌肉收縮），因此大腦與肌肉之間的連結會變得更強化、更完善，讓人進入「超塑型」的狀態。

針對該裝置進行的研究可說包羅萬象。二〇一六年八月，Halo Sport 和美國國防部宣布展開特戰部隊訓練專案。該次合作關係是美國國防部國防創新實驗小組（Defense Innovation Unit Experimental, DIUx）簽下的第一份商業合約，用意是運用科技改善軍事防禦。[8]

我之所以選擇 Halo Sport 而非其他類似裝置，是因為 Halo Sport 的研究報告內容直接了當，其他裝置卻非如此。

九十天大挑戰的頭三十天，我採用之前已完成多次的 CrossFit 健身法來試驗 Halo Sport：過去四年，我記錄每次健身的情況，所以有大量基準統計數據可以做為對照。

聽好了，結果超乎我以往的經驗。儘管出現疲勞、腦霧、嗜睡的症狀，我每天還是能突破個人最佳記錄。

不是稍微突破而已，是重大突破！

第2章

邁向成功的核心關鍵——維持「生化狀態」平衡

我花了四個月才找到戴夫．亞斯普雷的行蹤，跟他約在他位於加拿大境內的農場進行訪談，確切地點不便透露。我願意窮盡一切手段找出答案，就算要出國也在所不惜。我想要覺得比較好過，想要擁有更多活力，而最重要的，就是想擁有達到目標所需的心理清晰感，這是邁向成功路上的最後一搏，我之前老在這裡跌倒失敗。

我和夥伴搭了兩趟飛機、一趟渡輪才到達約定地點。那是二〇一七年，時值年末的隆冬時節，渡輪穿越水灣，風景如畫，卻凍得刺骨！我們從炎熱潮濕的佛羅里達前來，清新的加拿大空氣叫人不由得輕鬆愉快起來。

我站在渡輪上，全身發抖，腦中接連冒出一堆問題想問他，比如：**「怎麼樣才能釋放出別人沒有的人類潛力？」「要變成身體駭客，需要做些什麼？」**

戴夫這位全球頂尖的身體駭客肯定有答案，沒人像他那樣費盡心力，運用身體駭客的技巧大幅提升人類表現。戴夫是《紐約時報》暢銷書《防彈飲食》（*The Bulletproof Diet*）的作者，也是防彈咖啡和營養補充品系列的創始人。全球有一百多萬忠實粉絲追蹤他，戴夫甚至在加州聖塔莫尼卡（Santa Monica）開設防彈實驗室，那裡看似健身中心，實則不然。防彈實驗室採用最尖端的科學技術，以科學方法訓練身心，讓生理和認知的表現達到最巔峰狀態。我前往戴夫的私人實驗室，一探他思考及經營的方法。

我第一次聽到戴夫的聲音，是在最低潮時。我聽了他的有聲書，覺得鬆了一口氣，原來我的疲勞和疾病並不全是想像造成的。我覺得不舒服並非意志薄弱所致，而是生物化學層面出了問題，成功心態和能力才受到影響。

問題就在於不管看了多少醫師，沒一個站在身體駭客的角度看待我的情況。身體駭客會設法從源頭瞭解疾病，並制定攻擊計畫。我非常不滿意自己和醫師的互動交流。

不久，我就明白如果要改變人生，我就必須找出會運用非傳統做法解決問題的人，戴夫正是理想的人選。二十年來，他花了一百多萬美元駭進自己體內，目標就是要幫助大家獲得超乎預期的成功。

反彈作用與身分差距的關係

要達到超乎預期的成功，就必須轉變身分，不只是心理層面要轉變，生化層面也要。我體會如果對生理施加新的需求，但生理狀態跟不上，就會回到原始的心理狀態。

我把這種狀態稱為反彈作用。你的表現無法超乎目前的「自我」概念或現有的生化狀態。

稍後我會更詳細探討反彈作用，現在我想跟你解釋，我們原本的樣貌和我們想成為的樣貌之間，為何存在身分差距。接著再說明步驟，藉此打造身體駭客技巧和心理模式，獲得成功又長久的改變。

除非能將全部因素都納入考量，尤其是找出妨礙成功的因素，否則改變就可能難如登天。目標就是逃離我們自己打造的回音室（類似「同溫層」的概念），也就是說，負面想法會加強並附和我們的信念、概念和價值觀，並藉由反覆進行來加強及擴大。

回音室會藉由各種方法讓我們走向失敗。舉例來說，為了吸引你一直回來看臉書，它的演算法就設計根據你的網路行為和喜好，顯示你想看的內容。此舉會加強你對自己、對世界抱持的所有現存信念，對你的實體環境、人際關係和生化狀態也是。[1]

你的生化狀態有輕微至嚴重不等的失序情況，難以抑制或消除的負面想法由此而生。

想想上次努力達成某個目標的情況吧！一開始你或許真的為那個目標興奮不已，可是隨著時間推移，你回到常軌，最後還忘了目標。這就是我說的反彈作用。

態度的改變能支撐多久，就要看你的生化狀態可支撐那改變多久。

每次我們嘗試從原本的樣貌提升到為達目標而想成為的樣貌，就會在舊有的自我與全新的自我之間製造張力，在心理層面和生化層面皆是如此。這就是我所稱的身分差距。每個「自我」都在爭著占住你的心智，能避免觸發「戰或逃」反應的，就是勝者。因此，就會在現在的模樣以及想成為的模樣之間，創造出「差距」。

要是你擁有的生物資源距離達到目標所需的心理需求愈遠，你就愈可能反彈、撤手放棄，並回到本來的自我。

為什麼？

新的心理需求會耗盡生化資源。一越過臨界值，大腦就會切換模式，設法保存剩餘的有限活力，以因應重要的生理機能，於是就會出現找藉口、腦霧、嗜睡和逃避等行為，而你還以為自己只是懶惰罷了！

顯微鏡底下的你

試想，在已經爆滿的工作清單上，再加一個目標，那就像是電廠供電給一座城市，而電廠已滿載，然後突然在電網裡加上另一座城市，卻沒有替電廠增加機組容量。新加的城市會用光整個電力系統的電，安全開關隨即開啟，回到系統的原始設定，避免系統受損，這種情況與人腦很類似。

人類的原型腦就是安全開關，一旦開啟，就會在連我們都沒意識到的部位，減少有效產出量，從而改變我們的行為。

在這種狀態下，大腦會設法保留現狀，否則生命就有危險。大腦必須保衛其資源，抵禦進一步的攻擊。而嘗試跨出舒適圈並尋求新身分，就算是其中一種攻擊。

反彈作用的最初跡象是一些輕微的症狀，例如腦霧、輕微頭痛和比平常睡得更久。你可能會對這些症狀置之不理，然後適應它們，最後症狀會惡化，變得更極端，出現焦慮不安、壓力很大的感覺，可能還會憂鬱。為了抗拒改變，身體和大腦會不停對刺激因子起反應，直到你採取行動。你要嘗試跨出舒適圈，提升到新的身分，那就像是把腳套進綁在地樁上的橡皮圈裡，再拚命往外全力衝刺，沒有先鍛鍊肌肉是跑不了的。

不過，如果沒有充分的活力去對抗繃緊的橡皮筋（也就是為因應新需求而產生的改變），就會猛然又快速地彈回舊有的自我。舊有的自我沉浸在原始腦認為安全的行為之中，反正這樣又不會額外耗掉活力。

反彈所帶來的打擊會左右我們對世界、對自己的看法，因此對於進一步嘗試改變，我們的態度會變得謹慎。關鍵就在提升到新的自我，又不會按到開關，免得反彈回去，繼續保持先前的現狀。

遠離決策疲勞，更快達到目標

無論我們再怎麼穩定又理性，只要沒有付出生理上的代價，就無法在接連做出決策後再做出決定，無法保持高度的專注力和產出。因此，尋常又明理的人們才會突然破口大罵、做出不理性的決定、買垃圾食物、找藉口、還沒突破就先撒手放棄。

隨著天色漸暗，你的心理能力會耗盡，動作慢得像在爬，於是就比較不可能維持住新發現的正面態度。做的決策愈多，每個後續決策就愈難，導致大腦要從兩條捷徑中擇一選用。第一條捷徑是衝動行事，不花時間衡量結果；第二條是什麼事都不做。

二〇一一年，美國國家科學院（National Academy of Sciences, NAS）進行研究，科學家證實決策疲勞帶來的影響。研究人員強納森．勒瓦弗（Jonathan Levav，先前任職於哥倫比亞大學商學院〔Columbia Business School〕）與夏伊．丹齊格（Shai Danziger，先前任職於本古里昂大學（Ben-Gurion University））針對以色列某所監獄的假釋委員會進行研究，分析委員在十個月期間做出的一千一百多項決策，發現若囚犯一大早或在用餐時間後出現在委員面前，獲得假釋的機率約為七〇%；若在一天的尾聲或用餐時間前出現在委員面前，獲得假釋的機率不到一〇%。[2]

研究人員發現，假釋委員的決策並未對囚犯表現出惡意，囚犯獲得假釋的機率其實純粹與委員必須做出無數決定有關。該項研究證明，人在自我控制時，能運用的心理活力有限，心理活力會隨著決策數量的增加而愈趨減弱。壓力、營養不良和其他環境因素也會進一步損及心理狀態。你以為自己生來就有妨礙達成夢想的絆腳石，以為自己或許就是注定失敗。然而，現在有了一絲希望，其實有方法可以跳出這個深不見底的兔子洞。

此時，就要提出這個問題：「你是順應潮流或逆流而行？」當我們處於忘我境界時，萬物皆流，一切都很簡單，我們記得名字、專心工作、不理會干擾；當我們逆流時，注意力很容易渙散、濫用，還從事會把你愈帶愈遠的活動。

你覺得自己過度努力時，就表示生理上、情緒上或生化上的組成已經失衡。這樣的失衡會導致態度改變，身分也會轉換，原本有信心、有自信又集中精神，卻變得精神渙散、缺乏信心和清晰感。一切都變得更困難。你開始找藉口，坐在那裡，緊黏著手機不放，迫切尋求一劑多巴胺。

根據我跟精神科醫師、醫師、腦神經學家、身體駭客進行的無數討論，再加上我在九十天期間內進行的無數實驗，我對成功要素有了透徹的瞭解，擁有頂尖表現者的習慣其實還不夠。習慣雖是至關重要，但還是比不上整個人體系統一起邁向可照亮靈魂的目標。

你推動目標時是運用一個（而非兩個）活力來源，而活力來源會逐漸耗盡，大腦因而開啟「自保模式」，保護你不受自身危害。

如果能卸下肩上重擔，輕放在指尖上，你肯定會很愛吧？你現在就做得到！我從這個全新模式中，得知自己以前並未從單一的來源獲益。這層體悟來自我對許多個別關係的深入理解，我得以有自主力量持續改善，當有東西跟我的認知不一致時，我也能放鬆下來，重新開機。**的確**有東西失衡，並不是我的腦子想像出來的。

大腦切換到自保模式後，總是會有問題出現。我們從有自覺的思維與自主創造的狀態，切換到不自覺的思維與無意創造的狀態，還關閉了衝動控制機能。

我們一開始沒意識到自己出了問題，卻要設法解決問題，有九〇%的人無時無刻都是如此。

你的任務——如果你選擇接受任務的話——就是點亮燈泡。要做到這點並邁向身體駭客之路，就必須先消弭身分差距（見圖表2.1）。

消弭身分差距的成功祕訣

要消弭身分差距，**第一步**就是選擇目標，藉由達成目標來確立自己的模樣。

圖表 2.1　消弭身分差距的成功祕訣

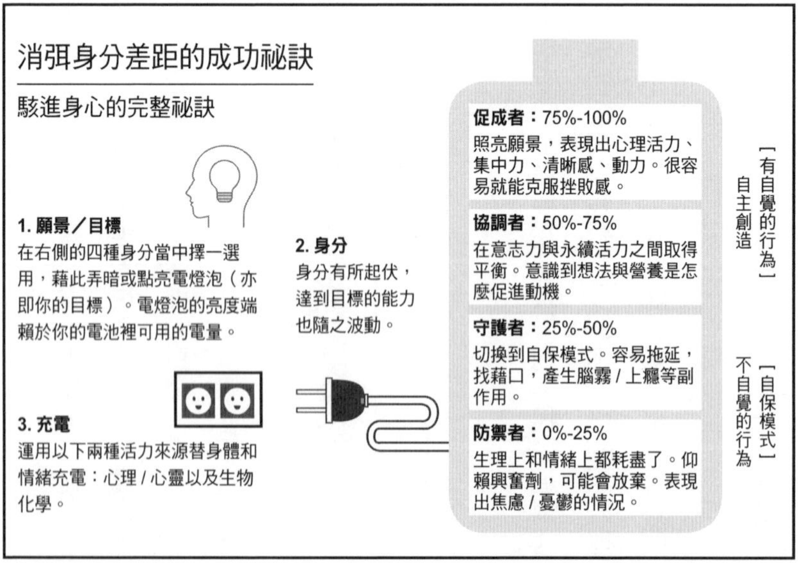
消弭身分差距的成功祕訣
駭進身心的完整祕訣
1. 願景／目標
在右側的四種身分當中擇一選用，藉此弄暗或點亮電燈泡（亦即你的目標）。電燈泡的亮度端賴於你的電池裡可用的電量。
2. 身分
身分有所起伏，達到目標的能力也隨之波動。
3. 充電
運用以下兩種活力來源替身體和情緒充電：心理 / 心靈以及生物化學。
促成者：75%-100%
照亮願景，表現出心理活力、集中力、清晰感、動力。很容易就能克服挫敗感。
協調者：50%-75%
在意志力與永續活力之間取得平衡。意識到想法與營養是怎麼促進動機。
守護者：25%-50%
切換到自保模式。容易拖延，找藉口，產生腦霧 / 上癮等副作用。
防禦者：0%-25%
生理上和情緒上都耗盡了。仰賴興奮劑，可能會放棄。表現出焦慮 / 憂鬱的情況。
【有自覺的行為】
自主創造
【自保模式】
不自覺的行為

燈泡代表的是你的使命、你的目標（用以傳達你的使命），以及你想成為的模樣。

你的任務就是點亮燈泡，不讓燈泡閃爍。燈泡閃爍會導致失去動力。你的電池沒電，燈泡就會滅掉，任何進展會就此終止，甚至需要更多努力才能重新點亮燈泡，整個系統甚至可能必須重新開機才行。

第二步是處理你的身分，也就是負責提供電力給燈泡的電池。這電池就跟所有電池一樣，在一天、一週、一個月、一輩子的期間，有可能會在某一刻沒電。它也跟所有電池一樣，經過一段時間，內存的電量會逐漸減少。

這電池可分成四種等級，分別代表不同身分。正如我們所見，身分不只在一輩子的期間內浮動，一天之間也會有所浮動，而且是取決於我們的活力值、心理清晰感、生化狀態和決策疲勞度。我們充飽電時，就會變得勢不可擋；缺乏活力時，就會跟沒電的手機一樣毫無用處。

電池的四種身分有促成者、協調者、守護者和防禦者。不管有沒有自覺，只要由某一種身分主控，就會控制一切。促成者與協調者是位於五〇％以上的水準，兩者是最能達成目標的心理狀態。

五〇％是門檻值，界定有自覺的高成效行為與不自覺的低成效行為之間的區別。要是降至五〇％，大腦會切換到自保模式，保存活力給更重要的工作使用。此時燈泡會開始閃爍，你放棄的機率就大幅增加。

生化狀態缺乏活力，就會偷走心理活力

如第六〇頁圖表2.1所示，電池有如燃油，可推動你的願景，塑造你的身分。電池是靠以下兩個特定活力來源充電：

- **心理／心靈活力：**包含信念、價值觀、人生觀、意志力、專注力和態度。要滋養這份活力，可經由持續的教育、靈修（對某些人而言），還有可提升自我覺察與EQ的人生經驗。
- **生物化學活力：**包含各種因素，例如營養、基因、環境、過敏、機能亢進／低下的免疫系統、氧氣供輸、神經回饋、壓力、動作和電荷。前述因素必須全部共同運作才會達到成效，少了其中一項或沒起作用，其他因素就會全跟著失調，身心的安適隨即受到損害且不穩定。

然而，在打造身分上，心理活力與生化活力扮演的角色不一定相當。結果發現心理活力比較仰賴生化活力。

實際上，生化狀態缺乏活力，就會偷走心理活力。它會偷走你的動力、意志力、動機、清晰的思緒和專注力。意志力能抵擋的時間不長，大腦會被迫進入自保模式，電池電量下降到五〇%的臨界值之下。正面的想法和期望雖可提高血清素濃度，卻只是暫時現象，短期身分有所轉變，卻無法長存。

光憑意志力也無法讓維生素D無中生有。要是你試著想像有一袋錢憑空出現，真的就會有錢出現嗎？

> 用心靈勵志技巧去治療不佳的生化狀態，再怎麼空想也無法克服。狀況也許會好轉，但真的恢復健康了嗎？

壓力、處方藥和營養不良會操控我們的想法。如果有些處方藥會改變生化狀態，引發自殺念頭，那麼我們能不能也駭進自己體內，產生正面想法？

你要想做好成功的準備，就必須消弭這個差距，畢竟這是首要的關鍵步驟之一。

重新思考身與心的關係

只要明白身分、心情和行為會在一天內起伏不定，就能深切體認到傳統的性格模式有著重大瑕疵。也正是因為如此，我們在看這類性格模式時，常有無法套入的格格不入感。我們身心平衡時，會表現出性格模式劃分給我們的人格特徵，例如外向／內向、敏感／謹慎等。

然而，也許是生化狀態變化所致，只要情況的發展稍微偏離幾公釐，就連正值表現巔峰的外向者也會變成生產力低落的內向者。性格的穩定與否，取決於生化狀態。堅守自身信念、行為和模式的人，要是耗盡了活力，有可能會突然拋開謹慎的態度，無法衡量自身行動造成的後果。

由此可知，受試者以何種心情、在什麼時候接受性格測驗，都會大幅影響測驗結果。因此，測驗必須涵蓋成功背後的所有關鍵因素，例如會推動個人邁向成功的基本因素。

踏上追求成功之旅

無時無刻拚命緊抓著某一種身分不放，這番努力可說是徒勞無功。無論你做了什麼，改變都無可避免。我們以後還會不停遭遇挫敗，不得不在這輩子的不同時刻接納多種身分。這是很正常的，更重要的，這就是人生！

把前文提到的四種身分再細分，就等於是開始踏上追尋之旅，從而提高覺察力，達到目標，點亮燈泡。再說一遍，這四種身分是促成者、協調者、守護者和防禦者。下文會細談每種身分的重要機能與特性，比如強項、情緒特性、認知機能、生理特性和活力來源等。讀完這四種身分的說明後，就會曉得自己是在哪個層級運作以及背後的原因。不久，你就會發現自己為了成功而付出的努力為何全都陷入惡性循環，彷彿是心理和生理在拔河。現在，就來瞭解每種身分的具體細節吧！

促成者（七五%至一〇〇%）

促成者覺得自己跳過電池，直接插入電網，勢不可擋。

這是你的自然狀態。要是脫離這種狀態，就會覺得現在的模樣以及自知能成為的模樣之間有很深的內在斷裂，從而焦慮不安。

促成者的身分可替成功鋪路，並為這趟旅程提供燃油。促成者有充沛的心理活力、專注力、清晰感和動力。促成者是為社會帶來改變的關鍵推手，無論是全球還是地方上都是如此。就算面臨重大挫敗，促成者依舊堅忍不移。他們會為他人照亮前路。

促成者踏上的道路或許有時難行，但他們在生化上、心理上都相信這條路一定易走。他們主動積極，順勢而行，覺得路途崎嶇難行時，就會採取行動，修正路線，繼續前進。促成者不畏懼求助，因此才能擁有今日的成就（見圖表2.2）。

要成為促成者，只有一種方法，就是在遭遇重大挫敗後捲土重來，從而意識到自己一開始是如何獲得成功。

要做到這點，促成者的生化狀態必須十分健康，這樣才能處理這層認知，採取行動糾正過來。從那些由窮到富再窮的故事就可略窺一二，許多時候，成就斐然者並未充分體會到自己的成功是心理因素和生化因素所致，而新的成就會帶來新的挑戰，舉例來說，在名人身上，這類挑戰往往是酒精藥物依賴問題。

心理層面或生化層面受到損害，又缺乏覺知的話，就會變成防禦者，耗盡心理活力與生

圖表 2.2　促成者的特徵

強項	能快速適應、問題解決者、以正面的期望來應對全新挑戰、自主創造者、視情況開朗／拘謹、不易受他人批評影響、不容易分心、集中精神於長期永續的成功、使用社群媒體的時間減到最低限度。
情緒特性	堅毅、冷靜、樂觀、心情平穩、友善、有強烈的自尊心、勢不可擋、對成功有很高的動力、有動機、有滿足感、喜愛學習。
認知機能	思緒敏捷、有自覺的行為、決策果斷、高功能記憶、條理分明、心理清晰感、有心理資源可徹底評估自身行動造成的後果、很容易進入「忘我境界」。
生理	抬頭挺胸、從頭到腳的姿勢呈一直線、呼吸深、容光煥發、自信大步走、消化功能平衡。
弱項	工作繁忙期間，有時過度依賴意志力來推動成功。如果促成者變成「偶然的促成者」，往往會覺得不如自己的人都是意志薄弱之人，不過他們是出於善意，希望別人成功。
活力來源	促成者的電池是靠以下兩種燃油來源充電：生化活力與心理活力。燃油來源很乾淨，靠健康的脂肪／生酮運作，不是下午三點左右就會讓人昏沉的糖／精緻碳水化合物。活力值雖在一天內仍會起伏不定，卻不如別人極端。促成者懂得利用適當的營養、休息和復原來掌控活力值。

化活力。結果，身體和大腦進入自保模式，以求順利度過一天。除非採取重大干預手段並獲得他人協助，否則就會一直陷入這種狀態。不過，要是復原了，就能東山再起！

小勞勃·道尼（Robert Downey Jr.）的人生，就是好萊塢明星東山再起的經典故事。不久前，他因酗酒又濫用藥物進了監牢，沒人想雇用他；如今，他出演《復仇者聯盟》（*Avengers*）和《鋼鐵人》（*Iron Man*）這兩系列暢銷大片，片酬高達數億美元。

協調者（五〇%至七五%）

協調者雖處於有自覺的認知與自主創造的狀態，卻還在學習保持意志力與永續活力之間的平衡，以便繼續往前邁進。

協調者愈來愈意識到自己的心理與生化層面如何影響到內心的動機、自尊、世界觀。協調者是未來的促成者，只需要一些簡單的微調，就能成功繼續躍上下個階段。

協調者可從持續的教育中獲益，進而懂得協調並大幅提升生化表現與心理表現。他們會有表現失常時，但不會怪罪自己。協調者很清楚，要獲得長期永續的成功，就必須休息及復原（圖表2.3）。

圖表 2.3　協調者的特徵

強項	中度至高度的適應力、問題解決者、以期望獲得正面成果的態度來應對新的挑戰、自主創造、不容易分心、集中精神於長期永續的成功、不時會把心力浪費在社群媒體上。
情緒特性	堅毅、冷靜、樂觀、心情相當平穩、友善、自尊心一般至強烈、對成功有動力、有動機、滿足感忽高忽低、喜愛學習但仍取決於其他對於活力／注意力的需求。
認知機能	中等至敏捷的思緒、有自覺的行為但有些除外、不一定能徹底評估自身行動會造成的後果、條理分明、記憶力可靠。
生理	抬頭挺胸、身體姿勢有半數時間呈一直線、呼吸深沉、容光煥發、自信大步走。
弱項	協調者正在找出平衡，因此會比較容易受生化上和情緒上的挫敗（例如他人的批評）會所影響，而耗盡電池電力。他們內心深處知道自己需要改變，只是會晚一點才充分意識到該採取行動了。因此，他們的燈泡會不時變暗，卻不會完全熄滅。
活力來源	我們全都會在某一刻成為協調者。然而，過度依賴某種活力來源就會變得不協調。比如在壓力很大時，會仰賴糖／精緻碳水化合物。如果未加掌控，這種行為會導致協調者退化成守護者或防禦者。不過，協調者先前就有過一定程度的自我覺察，所以比較不可能一直停留在退化階段。協調者也可能吃得健康天然卻有營養不良的症狀。你將會發現，就算吃得健康，還是可能會有營養差距，造成潛力無法充分發揮。

守護者（五〇％以下）

守護者正在保護目前手上的資源，卻沒有防禦自己來避免受到攻擊所害。守護者的身體已切換到自保模式，引發他們保存活力，供關鍵機能使用。而電燈泡亮著，並不是關鍵機能。守護者可以憑藉意志力讓燈泡短暫亮著，但生化狀態要是沒獲得補充，燈泡還是會熄滅。

守護者還是看得見目標，但達不到目標的原因，無論如何也想不出來。自我懷疑悄悄爬了進來，藉口逐漸誇大起來。守護者沒有到達他們想去的地方，卻不曉得原因。守護者不時會獲勝，卻沒有活力可以維持勝利。

無數因素妨礙了守護者，例如慢性壓力、營養不良等。要想在這種狀態下解決問題，就必須訴諸外在的干預手段，或憑藉意志力來研究出解決辦法。如果守護者不盡快找出辦法，意志力會耗盡，身體會防禦所剩不多的資源，從而變成防禦者（圖表2.4）。

防禦者（二五％以下）

防禦者會集中精神守護剩下的活力，防禦自身，抵抗進一步的攻擊。

圖表 2.4　守護者的特徵

強項	守護者的意志力就是嘗試推翻自保模式。他們可以堅持一段時間，然後大腦會接管，守護者隨即進入休息復原模式，以便獲得療癒。
情緒特性	自尊心低落、心情起伏不定、友善轉為尖酸刻薄、難以負荷、記性不好、滿意度降低、心煩意亂、焦慮不安。
認知機能	認知機能開始衰退、更難記住名字或重要資訊、衝動控制機能開始關閉、充分理解後再做出決定的能力遭到限縮、決策疲勞開始起作用、很容易分心、腦霧、陷入負面思考模式。
生理	懶散的姿勢、頭往下垂、輕微至嚴重的消化問題、身體姿勢未呈一直線、呼吸淺、皮膚油膩或乾燥、更為嘴饞、可能會失眠、輕微焦慮，體內發炎。
弱項	容易受到拖延和批評的影響，對周遭環境非常敏感，從而很容易覺得難以負荷。
活力來源	倚賴咖啡因、糖、精緻碳水化合物，從中獲得動機和充分的活力，以便繼續往前邁進。這樣或許能重新點亮燈泡，但是這些骯髒的燃油來源會帶來副作用，人體會變得昏沉無力，燈泡隨即迅速變暗。

某些變化會引發防禦者模式，這類變化有：胃部微生物體的變化、抗生素療程、慢性壓力、創傷事件、嚴重營養不良。前述變化會緩慢悄悄逼近，連你都沒有意識到，等到它們害你陷入有害的回音室裡，才會有所察覺。還記得溫水煮青蛙吧？

如果設法迴避時，只用一種燃油來源（例如意志力或生物化學），那麼你的電池只會更快耗盡。此時，別人可能會對你說，憂鬱是一種選擇。然而，你的生化狀態指出的方向卻截然不同，除非有合適的專業人士——具體而言就是功能醫學領域的專家——處理根本原因，否則就會繼續回到此模式（圖表2.5）。

在這種狀態下，你是在抗拒潮流，抗拒自己的想法，抗拒改變。這樣反而會耗費更多活力，從而耗盡心理活力，因為你又不確定到底發生什麼事。壓力一升高，還會引發更多生理症狀。有些人可能會認為這類症狀是原因，但其實多半不然，稍後會說明。

要是你發現自己是防禦者，可別慌，此處正是我旅程的起點。我狀況最糟時，出現了前述症狀，充其量只能處於「防禦者模式」幾個小時，然後用咖啡因自我治療，把自己變成促成者，這樣才能完成一些工作。這種狀態無法長久，我最終就是在兩個極端之間擺盪。幸好這種情況不完全是想像出來的，而是生化狀態所致，一旦生化平衡，腦子就清晰了。到了那時，就會擁有活力，真正獲得改善，集中精神在想達成的目標上。

圖表 2.5　防禦者的特徵

強項	在這種狀態下要找出清晰的思緒，好比拿著電池沒電的手電筒，在黑暗房間裡找東西。你明知有答案，卻沒有足夠的光線能及時找出來。你內心深處迫切渴望自己能變得好過一點，卻不知該從何開始。
情緒特性	缺乏自我覺察、自卑、行為從尖酸刻薄轉為憂鬱、情緒起伏極端、對別人的意見極其敏感、他人的批評有如刀割、反應而非回應、有麻木感、容易心煩意亂、為了保有活力而孤立自己不讓別人接近。
認知機能	認知機能嚴重衰退、忘記關鍵日期／名字／資訊、缺乏自制、無法做決定、腦霧、長時間無法集中精神在任何事物上。
生理	懶散、消化問題、頭往下垂、身體姿勢未呈一直線、呼吸淺／不定、皮膚油膩或乾燥、嘴饞加劇（格外嗜糖）、關節疼痛、肌肉萎縮、失眠、輕微焦慮、體內發炎。
弱項	所有系統都已耗盡。交由專業人士運用外在干預手段，是你能採取的最佳措施。
活力來源	倚賴咖啡因、糖、精緻碳水化合物，可短暫獲得活力，卻不長久。如果你的情況跟我一樣，就表示吃得很好，但關鍵的維生素與礦物質不足，這跟食物供給比較有關係。第 3 章會更詳細討論這種矛盾情況。

請務必謹記在心，如果你發現自己是防禦者（記住，我們在一天、一週、一個月、一年期間都會有所起伏），就表示必須矯正幾個簡單的問題，比如說：

- 你在關鍵領域的營養不足。
- 你一直仰賴不穩定的燃油來源，例如糖、精緻碳水化合物、高脂食物，導致上下起伏更加極端。
- 你一直太過仰賴生化或心理其中一種燃油來源，而這來源都冒煙了，被自己體內的環境害得要窒息了。
- 你的身體正在發炎。（第3章會更詳細探討。）

如果你有前述情況，就表示體內環境變得有害。身體竭盡所能維護生存，因而減少可用的活力，導致你進一步孤立自己。這不是意志薄弱的表現，這是天生的策略，為的是在我們的需求增強時，支撐住我們。此時，務必要對自己寬容些，別因為沒動力、沒動機就怪罪自己。你應該要有條不紊地努力想辦法，在還能做的時候盡力去做。

你的身分差距是什麼？請造訪 www.areyouunstoppable.com，立刻接受免費線上測驗。

那麼，人們為何不做出改變？從新的思維模式去看待身分這件事，就可以知道，光憑心靈勵志的干預手段顯然不一定能促使人們改變行為。如果他們正在守護目前的資源，以免資源進一步耗盡，或正在對抗攻擊（例如發炎或壓力），那麼就格外難以做出改變。他們沒有剩餘的活力可以激發出或維持住那樣的改變。

知道這一點之後，對於自身，對於生命中那些正在掙扎的人，我們就會有更大的同理心。問題並非我們沒有能力，而是我們處理問題時，是分開應用舊有的心靈勵志模式、醫學模式和精神病學模式，因而無法變成想成為的模樣。

還是有機會成功的。其實，這層新的認知或許能點亮你的燈泡，就算是暫時的，也還是有往前邁進的希望。

我們就是在此處對行動計畫做了徹底改革。

挑戰二

Muse 腦波感測頭帶：精準回報大腦在靜觀期間的狀況，這是世上第一個能做到這點的工具。

我到底在騙誰？我還是在防禦者與守護者之間擺盪起伏不定。在這種狀態下靜觀，就像是用關掉電源的吸塵器拚命在屋裡吸塵。儘管如此，我還是堅持做下去。

Muse 看起來大有可為，它可在我靜觀時即時追蹤大腦狀況，並以音效回報。我的念頭變得過度活躍，它會傳出海浪拍擊聲；我進入冷靜狀態，它會傳出鳥叫聲。

我的目標是每晚睡前使用裝置，至少持續二十天。

我戴上頭帶，將頭帶連接至應用程式，開始靜觀，這種事我從來沒做過。我向來都是運用想像力，幻想一天的開始是按我想要的樣子過。我在腦海裡觀看這部影片，然後倒帶、快轉、倒帶無數次，好騙過潛意識，以為已經完成了需要做的工作，因此不用對大量工作感到焦慮不安。雖然我運用這項技巧超過十年，但是坐著觀察自身想法還是不容易。

Muse 應用程式會在各階段的結尾替我打分數。第一個階段結束後，我獲得四十八分的冷靜分數。我花了超過兩週才拿到七十分以上。在這段期間，我觀察到幾個有意思的現象。雖然依舊疲累不堪，但內心冷靜多了，還偶然想起一些已經好幾年沒想起的美好回憶。

結果，心情開始有所改善，我比較容易放鬆。以前會觸怒我的小事再也不會刺激到我了。我反而能面對這些小事，然後就此放下。在 CrossFit 挑戰期間，我在健身中心運動，甚至還留意到自己很快就進入巔峰的靜觀狀態。搭配 Halo Sport，我的健身成效斐然。雖然有時還是不太容易靜觀，大腦裡的可用電量不足。不過，我覺得靜觀的過程仍能開始重組大腦，迎接即將到來的改變。

Part 2

不受身心狀態操控，掌控命運

第3章

身心的雙向交流——生理影響心理，心理影響生理

警告：請勿在尚未諮詢醫師前就擅自停用藥物，以免危害健康。還可能會出現嚴重的戒斷症狀。

我十歲時，某次從睡夢中醒來，喘得上氣不接下氣。爸媽光速跑進房裡，連忙把我送到最近的醫院，離家只有十分鐘路程。他們很清楚我出了什麼問題，以前就發生過了。

那不是惡夢造成的，是氣喘嚴重發作。不曉得你有沒有那種經歷，睡到半夜時，無預警之下就吸不進空氣，好像有人掐著你的脖子不放，你伸手想抓住對方的手，那裡卻什麼也沒有。自己就快要死了的想法立刻浮現腦海：**「萬一我這次撐不過去呢？」**

我是在澳洲南部某處養了家畜、種了作物的農場上長大的，氣喘成了我人生每天的一部分。這種呼吸道症狀會引發肺部痙攣和呼吸困難。上一刻還快樂得像站在世界頂端，下一刻就進入全面的防禦者模式，為自己的生命奮戰。氣喘會導致體內整個系統短路，學習、記憶、處理速度和注意力都會受到影響。[1]

還有一點更糟，氣喘很狡猾。就算沒有很焦慮，但生理症狀會騙你，讓你誤以為自己很焦慮，從而觸發心理回應，再觸發生理反應。因此，人們往往不由得要問：「我是因為氣喘才焦慮？還是因為焦慮才氣喘？」有可能都對，有時是氣喘引發焦慮，有時是焦慮引發氣喘。

放棄的原因與應對之道

你可能不由得會想，氣喘到底跟成為頂尖表現者及達到目標有何關係？很簡單，氣喘症狀十足展現出兩大可能的根本原因。氣喘是患者對某個過敏原起了**心理**回應，或者對某個念頭起了**生理**回應。這兩個起因都會導致心情、行為和身分（這個最重要）產生重大轉變。

從消弭身分差距的成功祕訣就可得知，成功關鍵就是要懂得掌控活力、情緒、想法和行為，把這些當成是完整系統的一部分，同時還要保護電源的供應。如果油箱裡沒有燃油，擁有法拉利跑車又有何用？

若有因素（例如藥物、食物和毒素）耗盡我們的電池電力並切斷電源供應，做起事來就極其困難，我們無法清晰思考，失去愉快感，也沒有充分的燃油能照亮前方的願景。

攝取咖啡因或糖（例如喝下能量飲）可能會讓人突然獲得一陣活力，有電力完成某件工作並暫時變成促成者，但那絕非永續的活力來源。這些是骯髒的燃油來源，會操控人們的想法和心情。而我們變得昏沉無力時，我們變得倚賴這些燃油來源撐過早上時，想法與心情特別會受影響。

想法受到操控

二〇一七年三月，我受夠氣喘了，我去找醫師，希望能找出答案。當時，我每天都要用很多次泛得林（Ventolin），把這種氣管擴張劑當成預防用藥，但卻毫無效果。我向醫師提議，不要使用該藥物，另外找出健康的替代方案。醫師覺得很荒唐，斷然拒絕。我覺得自己這樣問好像笨蛋。醫師開了新的預防用藥給我。當天晚上，我在凌晨兩點醒來，快要整個焦慮起來。在昏暗的燈光下，我的視線立刻望向櫃子上的藥。會不會是藥物的副作用導致我這樣恐懼煩躁？

我拿起筆電，接下來兩個小時都在鑽研對這種常用藥物的研究以及其副作用。泛得林已成為我日常生活不可或缺的一部分，所以看到患者對它發表的意見，我感到非常訝異。我從來沒想過要質疑泛得林。Ask a Patient（www.askapatient.com）網站有多份報告引述患者的藥物反應，例如焦慮發作、躁症行為、緊張、過動、不耐煩、立即陷入重度憂鬱等。有人還寫道自己打算自殺，幸好即時意會到是藥物作用所致。[2]

於是，我不由得開始思考以下問題：

- 我的行為真的是自己造成，且未受其他因素操控嗎？
- 藥物會不會切斷或縮減我的意志力？
- 我這輩子憂鬱症發作時，是不是季節性過敏造成泛得林用量增加所致？
- 一直以來，會不會是藥物引發了我的焦慮並限縮了我成功的能力？
- 泛得林噴霧劑的副作用會不會造成腦霧和疲勞？我身為作者與專業講者的職涯差點就此毀了。
- 我對氣喘與處方藥物並未充分瞭解，是不是因此走向失敗？

如果是泛得林噴霧劑在操控我的情緒，那我要收回自己的情緒並掌握自己的健康！然而，我可不要就此停步，我想要知道自己還錯失了什麼，哪些因素操控我的行為並可能影響到一般大眾，還限縮人類潛能。

那些成藥在市面上標示為安全，卻會造成心情改變、體能耗盡，讓有能力的人變成空殼，而且不只是成藥會導致如此，還有其他因素也會。我想要揭開自身行為愈趨改變的背後，存在著哪些根本問題，想要解釋世界各地數百萬人為何難以達到目標，還質疑起自我價值。

我們每天跟藥物、食物和毒素的交互作用無以計數，從而可能造成心理疾患，這些交互作用可左右我們的想法、行為、心情、活力、身分，卻太常遭受忽視或覺得不值一提，還被人說：「那是你想像出來的，克服吧！」

> 食物、藥物和毒素可能造成心理疾患、思緒不清，還會引發損及自我的行為，而我們卻沒有意識到。

食物、藥物和毒素的交互作用要麼替你充飽電，要麼耗盡你的電力。問題就在於我們耗盡電力、轉成守護者或防禦者模式時，並未發覺這項外在因素是可以掌控的，反而認為是自己不夠努力。其實，我們是對生化反應起了心理回應。

飲食或症狀突然轉變，可能會產生非常劇烈的反應，於是只好求醫。接著，除非自己或醫界造成的歸因過程會自然而然自行修正，否則這過程會繼續反覆循環不止。

我曾跟以下人士對談：防彈飲食法創始人戴夫・亞斯普雷；Neurohacker Collective 益智劑公司的丹尼爾・施馬騰伯格（Daniel Schmachtenberger）；EverlyWell 公司的茱莉亞・

齊克（Julia Cheek），該公司提供居家健康檢驗；Thryve 公司執行長暨共同創辦人林理查（Richard Lin），該公司以大量研究為基礎，提供微生物體檢驗與益生菌。結果我發現他們有一項共通點，起初都是向基層醫療專業人士求助，卻都大失所望。求醫的經驗讓他們更決心要治療自己，還設立公司，協助他人達到最佳表現。

> 如果症狀很輕微，你會怪罪自己。如果症狀很嚴重，醫師找不出原因，就會怪罪你，醫師治療的是症狀，而非病因。

前述人士先前表現頂尖，有意志力要持續達到以前習於達到的工作表現水準，但他們的生化狀態支撐不了。他們找到一些祕訣可擁有充分的生化活力，並藉此研究出解決辦法。在找出更長久的解決辦法之前，就算每天只有幾小時的清晰感也好。

他們狀況最糟時，都是在防禦者、守護者、協調者、促成者的模式之間擺盪起伏。他們的情況跟我一樣，面臨的問題無法簡單用「缺乏意志力」一言以蔽之。他們的生理系統先前推動他們成為頂尖表現者，後來卻受到損害。他們只憑藉一種力量來源運作，從而導致失衡與各種症狀。

我的經驗並無不同。我不得不對自己的個人身分進行評估，還質疑起自己到底是誰，更不得不對我求助的醫師進行評估，找出他們有哪些偏見阻礙我獲得適當治療。偏見多之又多，傲慢更是處處可見。醫師不乾脆說他們不知道我到底怎麼了，依舊循往例進行同樣的血液檢驗。無論去看哪位醫師，對方總是回說：「你沒問題。」我離「沒問題」的程度很遠。我想要覺得自己好極了，想要變成身體駭客。

我跟林理查進行 Skype 通話，他分享自己的故事，有位醫師跟他說：「我又不是治療業！」尋求醫療建議卻經歷這種情況的人，並不只有我和理查。

如果希望人生不受鐐銬阻礙，就必須倡導自身健康，必須在最沒期待的地方尋求答案，等找出答案再停下腳步。

不到九十天，找出解決辦法

我需要答案，而且要盡快才行。不到九十天的時間，就要治療好害我衰弱的疲勞、腦霧和缺乏心理清晰感，還要變成身體駭客、寫完本書。那時的我差點連一封通順的電子郵件都寫不出來，一封郵件就花了超過一小時。我知道自己會犯錯，不得不每樣東西都檢查三遍。

我在佛羅里達州聖彼得堡（Saint Petersburg）的鄰居黛比・何曼（Debbie Holmén）是位撰稿員，我跟她討論過後，她介紹我去佛羅里達州奧茲馬爾（Oldsmar）的烏托邦健康中心（Utopia Wellness）找卡洛斯・賈西亞醫師（Carlos Garcia）。黛比說，她前陣子去了賈西亞醫師的健康中心，學會運用身體駭客技巧重獲健康。

賈西亞醫師在醫院工作多年，後來才像許多人那樣體悟到，傳統醫學是由醫院和製藥公司的利潤所推動，而非為了提供最好的患者照護服務。一九九六年，他轉而著眼於天然替代療法，例如整合醫學、螯合療法、維生素點滴、抗氧化劑、整合式癌症療法等。頗具爭議卻大獲好評的記錄片《殺死癌症》（*Cancer Can Be Killed*）就是以他為主角。[3]

我搭 Uber 花了三十分鐘到達賈西亞醫師的診所，不由得緊張起來，覺得自己又要經歷過去二十六年來的情況，但我大錯特錯！

去看賈西亞醫師以前，我填完一份內容廣泛的問卷調查。不到五分鐘，他就針對我的疼痛狀況下了診斷，還開立一套治療方案。我問：「我之前看了二十多位醫師，他們都找不出病因，每次討論完就打算開抗憂鬱藥，為什麼？」他答：「他們問的問題不夠多！」

厲害的身體駭客與專業人士有何共通點？

本書提及的人士都十分清楚，人體內的溝通交流是雙向的。大腦和身體會彼此溝通交流，兩者都能促成我們想在自己身上看到的改變，亦可防止改變發生。我們的生理狀態，還有我們對食物、毒素、藥物和過敏原產生的反應，全都會影響到心理狀態，程度不亞於心理對生理造成的影響。這種情況就像是雙向道一樣。有時路上會有障礙物，你需要改變方向；有時可以把油門踩到底，撞擊所有目標物；有時要完全停下來。問題就在於為什麼？

如果系統的某個部分——在此例即是生化活力——達不到你的新目標的要求，如果難以負荷其他生理機能／毒素／藥物／食物敏感症，那麼就會開始產生骨牌效應。整個系統都會受到影響，專注力與最終的成功也不例外。

想想上回疲累不堪還要設法做出重要決策的情況，不僅反應時間變慢，韌性也變差。歸為無害的生理症狀（假如我們意識到症狀的發生）很快就會讓我們的狀況下降到五〇%的臨界值以下，進入不自覺的認知與行為之狀態，從而看不見問題，或探究不了問題。我們再也不能運用認知能力解決問題，成效也變得有如狗屎。

一旦瞭解哪些因素會耗盡我們的電池電力並操控我們的想法，就能支撐住心理活力與生化活力的資源，好讓這兩種資源開始相互支持並充電。如此一來，你的電池就能更快速充電，還能轉移你所有活力的方向，從而達到成果，而不是去處理體內的毒素或發炎情況。此外，還能更容易應付干擾、長時間集中精神、撐過艱難的情況，並且照亮強化心態造就的願景。

無論你是促成者、協調者、守護者，還是防禦者，無論你是不是受苦於氣喘、活力低落、缺乏動力和腦霧，不時出現的停滯期很容易就會左右我們，奪走我們的生命力。最起碼這一次，有了功能醫學或整合醫學領域的出色醫師提供協助，你就能集中精神在一些經常受到忽視的領域上。

大腦變遲鈍的七大起因

首先，必須細查哪些可能的來源會導致我們出現負面症狀，對我們造成妨礙。

在九十天駭客任務期間，無論我商討的對象是心理學家、醫師、微生物體專家、實驗室檢驗公司，還是身體駭客，我反覆注意到有七大關鍵領域會耗盡我的電池並影響我的心情：

1. 藥物
2. 食物敏感症
3. 營養不良
4. 消化
5. 荷爾蒙
6. 過敏
7. 毒素

前述起因有一項共通點，就是全都會導致身體與大腦發炎。

亞斯普雷在其暢銷書《防彈腦力》，把這種現象稱為「大腦裡的肥肚腩」。正如他所述，無論發炎發生在何處，大腦都是體內第一個受到影響的部位。

發炎現象會釋出名為「細胞激素」的化學物質，嚴重破壞認知過程，且經證實會導致行為改變。研究人員更強調，在憂鬱、焦慮等眾多疾病中，發炎扮演著一定的角色。這並不是在說發炎是憂鬱或焦慮的唯一肇因。[4] 迄今，由於有許多變數會影響這類症狀，因此憂鬱或焦慮尚未有明確的肇因。由此可見，只用藥物不一定會有成效，常見的建議是採取多管齊下的療法。

短暫的發炎是健康的現象，也是治癒過程的必要階段。慢性發炎才會出現問題，免疫系統長期活躍，無法有所助益。環境因素、過敏、食物敏感症、飲食、壓力和毒素，可能會讓人每天都處於輕微至嚴重不等的發炎狀態，出現的症狀和可能的病因都超過一個，因此有些醫師會難以診斷。

如果持續接觸發炎的起因，致使發炎成為慢性症狀，情況就有可能會變得嚴重，從而引發下列副作用：

- 極度疲勞

- 心情低落
- 焦慮
- 高燒
- 潮熱
- 腫脹／發紅
- 反胃[5]

根據資料顯示，細胞激素會活化蛋白激酶，從而造成血清素、多巴胺、麩胺酸等神經傳導物質的新陳代謝受到重大影響。為確保你擁有成功所需的動力和動機，前述神經傳導物質正是關鍵所在。神經傳導物質失衡會造成輕微至嚴重不等的後果，例如：

- 疲勞
- 腦霧
- 成癮
- 注意力缺失症（ADD）／注意力不足過動症（ADHD）

- 情感疾患
- 缺乏注意力和專注力
- 焦慮、恐慌症發作、創傷後壓力症候群（PTSD）
- 荷爾蒙失衡、睪固酮低下、甲狀腺功能低下、雌激素過多
- 經前症候群（PMS）[6]

細胞激素的作用會導致活動、動機、激發和警示產生變化，[7] 到時生化狀態會掌控身體反應。你可以試著憑意志力逃脫前述的回應，不過，除非神經傳導物質恢復平衡且發炎情況減緩，否則就會繼續處於腦霧與失衡的狀態。因此，有些人可以從療程中獲益，有些人則是年復一年回診卻不見改善，基本的生理問題未獲解決。

這週期的開頭可能是因為下列因素起了不良的交互作用：食物、毒素、營養不良、藥物、消化問題、過敏和長期壓力。所引發的反應輕微至嚴重不等，損及個人清晰思考及時時專注目標的能力。（見圖表 3.1。）

要是症狀輕微，通常會被批評是個人虛弱。症狀嚴重的話，就會尋求醫療協助，醫師會開藥治療症狀，卻沒找到病因。處方藥可能會對生命其他層面造成長期有害的副作用，有些

藥物就算停用了，在患者身上引發的症狀還是比藥物治療的症狀還要嚴重。

如果體內資源經常用來對抗發炎，就幾乎沒有充分的活力能撐過一整天，遑論朝目標邁進。僅剩的活力會用來維持現狀。因此，許多人偶爾會被卡住，不曉得意志力為何不足以穿越迷霧。

心情、記憶和日常表現要獲得改善，就務必要懂得控制發炎症狀。而要做到這點，就要深入探討大腦變遲鈍的七大起因。

圖表 3.1　非預期結果的週期

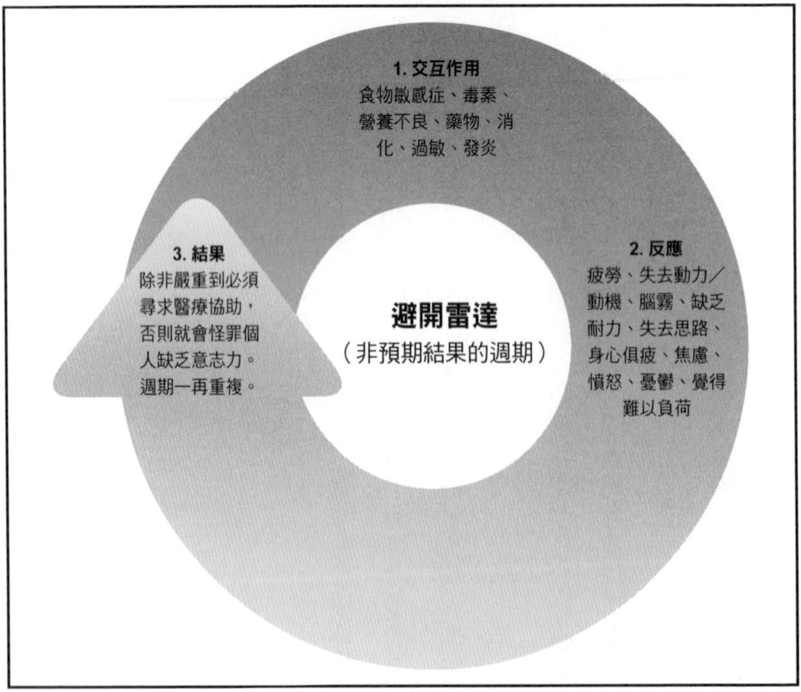

藥物

美國有兩千五百萬人患有氣喘，[8] 你或許不是其中之一，但也許正在服用某種處方藥，根據研究報告，這種人有七〇%。[9] 沒錯，美國有七〇%的人正在服用處方藥！

服用處方藥的危險在於每個人對藥物的反應不一，可能會有各種輕微至嚴重不等的副作用。我們甚至不會把症狀聯想到自己服用的藥物，畢竟這社會認為「醫師最懂」。我們沒有對執業醫師提出充分的問題，甚至還會回診，而醫師會開另一種藥物治療我們的副作用，卻未設法找出問題背後的根本原因。

有位好友向我吐露，他女兒出了意外，醫師開了鴉片類藥物給她止痛，結果她重度成癮。好友隨時都覺得會有人打電話來說女兒用藥過量。雖然這種止痛藥的經驗顯然不是人人都有過的，但也顯示我們應該要正視處方藥，尤其目前美國鴉片類藥物十分氾濫。

姑且不論藥物療效，有些副作用可能會導致心情改變，但醫師不一定會清楚說明。負面反應有可能是藥物過敏所致。有時兩種藥物會產生交互作用，引發嚴重症狀，醫師可能會誤判為剛出現的疾病。

下文簡要說明一些常用藥，及其對行為和心理健康產生的影響。務請注意，下列藥物當然可能救了許多人的性命，不是人人都會經歷以下的副作用，但副作用可能會嚴重到需要多加關注，而只會掩蓋症狀、沒有治療病因時，就格外需要留意。

- **利他能（Ritalin）**：用於治療注意力不足過動症與猝睡症。可能的副作用：食慾不振、反胃、焦慮、幻覺、失去現實感、出現自殺念頭。
- **百憂解（Prozac）**：用於治療憂鬱、強迫症（OCD）、心因性暴食症、恐慌症。可能的副作用：緊張、性慾降低、出現自殺念頭或行動、煩躁、思緒飛躍、行為魯莽、過度開心或易怒，還有心情、行為、行動、想法、感受有了全新的或突然的轉變。
- **安必恩（Ambien）**：用於治療失眠。可能的副作用：記憶喪失、無法專注、失去方向感、情感遲鈍、憂鬱及／或出現自殺念頭、焦慮、失眠、夢魘、困惑、鎮靜、攻擊性。戒斷安必恩可能會危及生命。
- **利欣諾普（Lisinopril）**：用於治療高血壓。可能的副作用：心情改變、難以入睡、全身倦怠無力或虛弱。網路上有很多個案有過自殺念頭，藥物仿單卻未列出警語。
- **避孕藥**：用於避孕。可能的副作用：憂鬱、心情起伏、憤怒。[10] 根據二〇〇八年出版的《皇家學會報告》（*Proceedings of the Royal Society*），女人在服藥前會覺得基因較為相異的男人有吸引力，服藥後卻覺得基因跟自己很像的男人比較有吸引力。因此，停藥後有可能覺得伴侶不再有吸引力。[11]

- **力必平（Requip）**：用於治療帕金森氏症和不寧腿症候群*。可能的副作用：強烈的賭博衝動、性衝動增加、強烈的花錢衝動、狂食、暴食。[12]

現已研發出一些新的檢驗法可分析DNA，然後根據你的基因組成，更瞭解哪些藥物對你最有效用。GeneSight® 檢驗（https://genesight.com/product/）即是其一。這類檢驗法有利醫師量身打造治療方案，快速找出適合的藥物，避開副作用太多的藥物。這也跟任何的健康問題一樣，醫師必須願意跟你共同合作，找出根本原因。

* Restless Leg Syndrome：一種腦子想睡，腿卻不想睡的疾病。患者白天大多無任何症狀，晚上想睡覺時，躺在床上就覺得小腿有東西爬來爬去，會有像是癢、刺或深部酸痛的感覺，起床走動後才會覺得舒服。

食物敏感症

我在疲倦度增加、失去動力與動機、腦霧、無法清晰思考以前，把飲食中有所改變的每樣東西都記下來。我待在美國和加拿大各地三個月，終於回到澳洲，回家後就做了一件對我而言不尋常的事——我開始每天喝一、兩杯咖啡應付時差。幾個月過後，我懷疑咖啡可能是我疲勞的原因，於是決定在飲食中去除咖啡整整三十天。

我觀察到幾個重要現象：焦慮感降低、活力獲得改善、沒像以前那樣沮喪。我還是很累，卻不如過去嚴重。雖然後來發現咖啡並非故事全貌，但依舊是一塊關鍵拼圖，不容忽視。

此外，我在研究調查後，發現露絲·惠倫（Ruth Whalen）的悲慘故事。惠倫在其著作《來跳舞吧：咖啡因過敏》（*Welcome to the Dance: Caffeine Allergy—A Masked Cerebral Allergy and Progressive Toxic Dementia*）詳述她的身心健康逐漸惡化，一九九九年，醫師診斷她患有人格疾患與躁鬱症。惠倫十分幸運，醫師終於發現她對咖啡因極其敏感，才導致症狀發作。[13]

幸好惠倫的故事並不常見，但食物敏感症嚴重的話，有可能會引發思覺失調症、多疑、妄想和幻覺。

就我的例子而言，我對咖啡因變得極其敏感，喝一杯咖啡，一整週都覺得沮喪，之後那作用才會消失。後來我跟身體駭客戴夫．亞斯普雷討論，才發現問題可能不在於咖啡因或咖啡（兩者截然不同），我可能是對咖啡豆上的黴菌敏感才引發前述反應。這點在第6章會更詳細探討。

前述例子雖是極端，卻也證明你不一定總能知道何種因素在妨礙你成功。如果出現下列的輕微症狀，就表示問題可能出在食物敏感症：

- 疲勞
- 腦霧
- 呼吸問題（例如氣喘、鼻竇炎、鼻炎）
- 頭痛／偏頭痛
- 濕疹／青春痘／乾癬
- 關節酸痛
- 憂鬱
- 焦慮

• 悲傷

食物敏感症有個難處，就算去除飲食中的某種問題食物，可能還會有另一種食物導致體內持續發炎，從而無法改善健康。制酸劑或許有助胃部舒緩，但也只會讓你一直吃進那些一開始就不該吃的食物。

我知道自己不吃含麩質的食物就會覺得好一些，卻不知道背後原因所在，我所有的麩質敏感檢驗報告都呈現陰性反應。我一直覺得疲累不堪，於是懷疑自己患有腎上腺疲勞，跟醫師說了這疑慮，醫師卻立刻說不是這樣。醫師說，健康執業者都靠這種說法販賣高價的營養補充品，而那些補充品最後都會尿到馬桶裡。我決定要為自己找出原因。

在九十天任務期間，我偶然得知 EverlyWell 公司的食物敏感症血液檢驗，有便利的居家健康檢驗包。該項檢驗是交由經驗長達數十年的實驗室進行，美國的醫師也透過這些實驗室來辨認食物敏感症。EverlyWell 公司讓個人能以合理的費用進行同樣的檢驗。

你或許看過他們上過美國廣播公司的《創智贏家》（*Shark Tank*）節目。創辦人暨執行長茱莉亞・齊克以女性獨立創業者的身分，在節目上贏得極大筆的投資金額，投資人羅莉・葛來那（Shark Lori Greiner）以一百萬美元信用額度換得五%持股。

EverlyWell 會將一小包的便利檢驗包郵寄給你。你只要用針刺一下手指，附上幾個極小的血液樣本，一至兩週內就會收到檢驗結果。我的檢驗結果令我大吃一驚，我對椰子、杏仁、咖啡、蕈菇、向日葵輕微敏感。

差不多在我病了的時候，我在飲食中加入椰子油、杏仁醬和牛奶，還以為自己十分健康，從來沒想過這之間的關係，連一秒鐘也沒料到這些健康建議竟然導致我出了各種問題。還有一點也令我訝異不已，原來我對烘焙酵母——烘焙常用的膨鬆劑——輕微敏感。烘焙酵母跟麩質不一樣，麩質是小麥蛋白質，烘焙酵母是一種酵母，是一種真菌。對烘焙酵母有陽性反應，表示腸道酵母可能失衡。

幾乎每種含麩質的食物都有烘焙酵母，我之前想也不想就以為問題出在麩質。而這就是食物敏感症複雜之處，除非接受專業檢驗，檢查各種食物，否則找不出根本原因。要猜出你對哪些食物敏感，有可能要花上好幾年的時間。接受檢驗就能縮短整個過程，而從飲食中去除敏感食物，就能減輕腦霧、疲勞和心理清晰感不足的症狀。該項檢驗會檢查我的身體對九十六種食物的反應狀況。

檢驗結果促使我聯絡 EverlyWell 創辦人茱莉亞和醫學執行總監法蘭西斯醫師（Dr. Marra Francis），我用 Skype 訪談兩人，以便深入瞭解。茱莉亞的經驗竟然跟我很像，她同樣苦於慢性疲勞、不明酸痛的症狀，後來就成立該公司。

「我之前很焦慮，最後原來是基本荷爾蒙失衡和腎上腺失衡造成的。」茱莉亞說：「我費盡千辛萬苦花了六個月找了不同的醫師，接受檢驗，還填寫問題表格。那些醫師都很優秀，但問題就在於他們要我接受一堆檢驗，我卻永遠無法直接查看檢驗結果。我連他們做了什麼樣的檢驗都不曉得，沒人向我解釋。

「然後，每隔幾個月我就會收到實驗室寄來的檢驗帳單，因為我保的是高自付額的保險方案。我開始體會到美國人愈來愈常碰到高自付額、不承保的情況，絕大多數美國人都必須為這類基本服務支付昂貴費用，而且那些服務實際上不一定能切合他們的情況。

「所以我真正想說的是，假如要運用科技與數位健康服務，為消費者瓦解傳統經驗，協助消費者更簡易地查看檢驗結果，我們到底該怎麼做呢？消費者需要的是能查看他們想看的檢驗結果，採用更方便的流程，提供單一的價碼、透明的價格。消費者會確切知道自己要付多少錢，而我們不會再度向消費者收費。這個重點讓非常多人都深有同感。」

茱莉亞的經驗令人訝異不已。我問她，醫師駁回她的看法，她有何感受，尤其是那症狀又跟她腎上腺疲勞有關。她說：「我都排好要做腎結石移除手術了，他們卻在十二小時前取消手術。X光顯示我沒有腎結石。我做了電腦軸向斷層掃描（CAT）、磁振造影（MRI），然後醫師說我只是背部肌肉拉傷，放鬆休息就會好。

「我向來看重的是對方的動機，和他們設法要達到的目標，所以我並不是在氣醫師，我氣的是體制，我氣的是體制對醫師施壓，醫師不得不動手術，他們被鼓勵動手術。醫師通常都是盡其所能，但那是按他們的觀念做，也就是說，到頭來還是達不到目標。」

為了恢復健康，她採用身體駭客的技巧，把實驗室的檢驗結果全都帶到功能醫學醫師和針灸師那裡。她說：「他們把所有領域都好好查清楚，認為一定是忽略了皮質醇。不過，我體內的維生素D低得危險，鎂、維生素B_6、維生素B_{12}和鐵全都很低，可是沒有任何人拼湊出全貌。我的數值雖是不夠低，卻成了全面的狀況。

「醫師沒有精確找出正確的問題所在，害我差點就要接受很差的療法。回頭看就覺得未免太荒謬，我差點就要動手術，但我真正需要的就只是生活方式做一些改變。我的情況完全呈現出健康護理與實際狀況之間存在著莫大的差距。」我的情況也跟茱莉亞一樣，醫師沒發現我體內的維生素D嚴重不足，也忽視了食物敏感症。

我問法蘭西斯醫師，醫師都會使用維生素、礦物質、荷爾蒙等的參考值範圍，來辨別患者的檢驗結果是正常還是異常，那範圍是怎麼定的？她回答：「是以人口研究為基礎，什麼都有人口研究，比如礦物質濃度、維生素濃度、膽固醇的正常數值。就拿膽固醇來說，人口研究是以心臟病患者與非心臟病患者為基礎，那麼什麼範圍才算是正常數值？什麼範圍才算是有心臟病高風險？正常範圍其實是由社會制定，由人口研究制定。在實驗室裡，則是根據你體內的生物變異性來制定參考值範圍。體內的數值每天、每小時都有差異，那差異可以到多大，仍視為正常？」

在醫學界，標準受試者向來是七〇公斤（一五四磅）的男性，這標準原先是由美國醫師協會（American College of Physicians, ACP）與美國臨床病理學會（American Society for Clinical Pathology, ASCP）在二十世紀初期制定。如今，顯然不是每個人都符合這個標準，所以我們正在設法研究不同的人口族群。

在此要說，美國衛生福利部（Department of Health and Human Services, HHS）與美國農業部（United States Department of Agriculture, USDA）把懷孕哺乳的婦女區分開來，這點做得很好。她們身體的需求與正常數值，顯然跟七〇公斤標準男性有很大的差異。因此，我們有些人口研究會根據性別、種族、懷孕與否進行區別。

我問茱莉亞，他們哪項檢驗最熱門。她說：「食物敏感檢驗非常熱門，醫師介紹患者接受檢驗後，我們收到很多客戶證言和醫師證言，檢驗結果改變了他們的人生。對女性而言，荷爾蒙失衡實際上會獲得改善，月經週期正常了，甚至連皮膚上的症狀也解決了。乾癬性關節炎患者要是照慣例用藥，根本無助於找出哪些食物導致發炎，也治不好乾癬性關節炎。」

法蘭西斯醫師還表示，食物敏感檢驗結果有助於改善其他症狀，例如脹氣、偏頭痛和睡眠障礙等。甚至有人改變飲食後，焦慮與憂鬱的症狀也減輕了。她明確指出，她並非在說食物敏感症會導致憂鬱，不過「患者因憂鬱症狀而接受評估時，身為醫師的我們卻沒去探究患者的飲食，我對此感到有些困惑。雖然『人如其食』這句俗諺聽來傻氣，但在設法找出症狀原因時，為何不把飲食視為拼圖的一部分？我認為這樣真的會危害到患者。現在的食品系統採用食品添加劑和化學物質，食物或許就是人們不健康的一大原因。」

醫師建議我服用抗憂鬱藥以後，我滿腦子想的就是：「有多少人的問題其實是食物過敏造成的，卻還是服用醫師開立的藥物？」這項研究尚未進行。而 EverlyWell 即將進行一項研究，由他們的客戶自行選擇是否參加，那會是規模極大的食物敏感症研究。

由此可見，有時是最簡單的事耗盡了我們的電池，影響我們的心情和行為。在每個階段，驗證都是至關重要的環節，但找出合適的執業醫師解讀資料也同樣重要。我發現自己應該不計一切代價避開椰子才行。我不吃椰子一個月後，沒多想就吃了泰式椰香咖哩，後來長達三天都有腦霧、疲勞和全身不適的症狀。我看了自己寫的飲食日誌，發現自己疏忽了，才體會到當中的關聯。當你為了邁向成功而自我升級時，小事就能造就大不同。

營養不良

在美國，有九二%的人維生素不足，你有可能是其中之一嗎？[14] 儘管許多人吃得很健康，卻還是營養不足，到底是為什麼？

原來全球各地農地土壤含有的微量營養素都變得不足了。二〇〇三年，加拿大研究人員比對今日蔬菜的營養成分和五十年前的數據，發現高麗菜、萵苣、菠菜和番茄的礦物質含量從四〇〇毫克降低至不到五〇毫克。[15] 農耕方法的改變加上農藥的廣泛使用，導致土壤品質持續衰退，為保持機警敏銳狀態而需要的所有營養素，再也不能仰賴均衡飲食獲得。

賈西亞醫師的診所給我的檢驗結果，大出我意料，我的維生素D嚴重不足。維生素D不但是肺部機能與心血管健康的關鍵環節，更能支持免疫系統、大腦和神經系統。[16] 維生素D不足也會造成發炎。此外，二〇一七年的開端，我在嚴寒隆冬、陽光少見的紐約市待了兩個月，對健康更是毫無助益。

維生素D在心情、行為和認知方面扮演關鍵角色，而這種說法還算是輕描淡寫。儘管維生素D至關重要，醫師卻不一定會檢驗，除非我們提出要求。以下是跟維生素D相關的一些有趣數據：

- 有研究發現，美國有超過四〇%的人維生素D不足，有專家用「大流行」一詞稱呼這種現象。[17]
- 有研究發現，維生素D在調節心情及防範憂鬱上，扮演不可或缺的角色。還有研究發現，補充維生素D可改善憂鬱症狀。[18]
- 認知障礙也會出現在維生素D不足者的身上，有可能會引發健忘、困惑、難以專注和健忘。（啊！我忘了剛才說過了。）[19]
- 維生素D不足也會造成男性的睪固酮濃度低下。[20]睪固酮是強大的荷爾蒙，有利燃燒脂肪、增加性慾、讓男性更快樂。[21]
- 維生素D不足達中等程度，罹患失智症風險會增加五三%；維生素D「嚴重不足」，罹患失智症風險會增加一二二%。[22]

當然罪魁禍首不只有維生素D，第5章會細分出其他重要的營養不良症狀，那些症狀會引起發炎，還會傷害到健康以及十分珍貴的資源——大腦。

消化

長期壓力會導致消化系統內部發炎與化學物質變化，從而引起反胃、腹瀉、大腸激躁症和行為症狀。行為症狀有拖延、談論或沉思著高壓情況、難以完成工作、更渴望他人陪伴或遠離他人。[23]

大腦會直接影響到胃部，胃部也會直接影響到大腦。這樣雙向的交流會讓人不由得想著到底是何原因導致缺乏專注力、焦慮和壓力。到底是食物過敏原、精緻加工食品、乳糖不耐或藥物引起生理回應？還是心理經驗引起生理回應？

很多人都發現，高壓的經驗結束（例如完成離婚手續或搬家）以後，消化問題也就隨之解決。那時，他們接觸到新的微生物體，對消化過程產生正面影響。

下一章講述創新的微生物體研究，證明微生物體會對心理健康、減重、承受壓力、發炎反應和免疫系統等產生正面影響。[24]

據估計，人體九〇％的血清素是在消化道裡製造的。微生物有利消化道製造血清素，血清素是大腦的神經傳導物質，抗憂鬱藥多半著眼於增加血清素攝取量，因為血清素濃度低會引發憂鬱與自殺念頭。由此可見，要獲得正面的心情與人生觀，完善的消化機能是必要的。

荷爾蒙

在日常安適感方面，荷爾蒙扮演關鍵角色，可控管情緒、心情、飢餓、繁殖和重要生理機能。荷爾蒙失衡會導致慢性發炎、失去性慾和行為改變。荷爾蒙不足會嚴重破壞人生所有層面。荷爾蒙起伏不定是老化與飲食改變所致。瞭解雌激素、睪固酮和皮質醇等荷爾蒙，就能深刻理解你個人的經驗。現在簡要介紹下列荷爾蒙：

- **雌激素**：女性的主要性荷爾蒙，具有引發青春期、讓身體做好懷孕準備和調節月經週期之作用。雌激素濃度變化會導致胃腸不適、頭痛、心情起伏和性慾減低。根據《今日醫療新聞》（*Medical News Today*）報導，為防止跟老化有關的認知機能衰退，也許可採取荷爾蒙補充療法。[25]
- **皮質醇**：又稱「壓力荷爾蒙」，在我們狀況最差時起作用，會導致心情起伏，呈現出焦慮、憂鬱或易怒的症狀。如果不去除壓力因素，就會產生慢性壓力，導致體內發炎，缺乏專注力。

- **睪固酮**：男性的主要性荷爾蒙，引發青春期、增加骨密度、臉部毛髮生長和肌肉量。睪固酮低下會導致過度疲勞、失去性慾、焦慮、憂鬱和體重增加。睪固酮可以對抗發炎。睪固酮低下也會導致氣喘，在青春期前期男孩較女孩更容易氣喘。研究人員認為該因素導致青春期後的女性比男性更容易氣喘。[26]

《生酮抗癌》（*Fat for Fuel*）作者約瑟．摩卡拉醫師（Dr. Joseph Mercola）認為，要平衡荷爾蒙，就必須從飲食開始，比如服用營養補充品（像是鎂）來改善性荷爾蒙濃度，或是食用高品質的蛋白質、健康的油脂，以及可提高健康荷爾蒙濃度的發酵食物。[27]

根據我的親身經驗，澳洲的醫師之所以不願檢查睪固酮濃度，有可能是怕類固醇遭濫用。然而，新英格蘭研究所（New England Research Institutes）的研究顯示，三十歲男人每四人就有一人睪固酮濃度低下。[28]二〇一六年三月，我走出車外，差點就昏過去，我沒精打采走進附近的維生素商店，偶然遇見自然醫學師荷托．高希，我請她幫幫我，我都快哭出來了。經過一小時的諮詢後，她要我請家庭醫師檢查我的睪固酮濃度。我的家庭醫師拒絕了。

最後，二〇一八年二月，我把血液樣本寄到 EverlyWell。檢驗結果發現我的數值落在正常範圍但偏低。問題就在於我永遠不會知道自己最初要求家庭醫師檢驗時，睪固酮濃度是否低下。我的維生素 D 不足（通常跟男性睪固酮濃度低下有關），加上那時我已補充維生素 D 六十天了，因此體內的睪固酮濃度有可能因補充維生素 D 而上升。

過敏

如果你有花粉症，就比誰都要清楚花粉症難受得要命。症狀不只是鼻塞、流鼻水、噴嚏和發紅而已，還會引發疲勞和頭痛。根據目前證據顯示，過敏者罹患焦慮與情感疾患的風險較高（程度不明）。[29]

若使用特定藥物減緩症狀，情況就變得更為複雜。二〇一六年，某項研究顯示，花粉症藥物的使用跟失智症與阿茲海默症的罹患風險增加以及大腦尺寸縮小是互有關聯的。其他常見的副作用會對認知機能造成負面影響，比如短期記憶、問題解決、語文推理的運用都會受到影響。[30]我們或可終止短期的不適，但日後幾年可能發生的後果，則會危害到生活品質。

於是患者只好尋求不會造成嚴重長期後果的替代療法。幸好，諸如 Molekule 的空氣清淨機面世，加上對微生物體與益生菌的研究，因此有一些方法可減輕症狀，又無需服用會改變心智又可能影響日常表現的藥物。

毒素

根據南加州大學（University of Southern California）的研究，青少年的攻擊行為可能是空氣汙染加劇所致。這項研究結果在在強調，人們呼吸、飲食或塗抹在皮膚上的毒素，都會影響行為，因此務必要制定負責的公共政策。[31]

此外，神經毒素（例如重金屬毒素）會導致暴力犯罪與行為異常的程度上升。[32]

我們無法一直控管空氣品質，卻可以更意識到自己到底是把哪些東西吃進身體裡、塗抹在皮膚上。下文列出大家最常忽視的三大毒素，它們會引發各種副作用與疾病，例如頭痛、焦慮、憂鬱、腦霧、阿茲海默症和荷爾蒙變化等。這些物質會讓我們的能力變得遲鈍，無法成為有自覺的創造者。

1. **阿斯巴甜（Aspartame）**：常用的人工甜味劑，亦稱 Equal® 或 NutraSweet®。用於標

示「無糖」的加工食品、無糖汽水、口香糖、優格、無糖糖果。阿斯巴甜會危害大腦。根據研究報告，副作用有腦霧、偏頭痛、暈眩、記憶缺失、焦慮、憂鬱、注意力不足過動症的症狀被放大。[33]

8. **蔗糖素（Sucralose）**：另一種常用的人工甜味劑。蔗糖素亦稱 Splenda，這種代糖含氯，是有害的氯碳化合物。蔗糖素有一項令人訝異的副作用，它會妨礙營養吸收，最多還會減少腸道益菌達五〇%。[34]此外，你在下一章就會發現，安適感會因此受到重大影響。甜菊是絕佳替代品，不會影響血糖或胰島素。

9. **鄰苯二甲酸酯（Phthalate）**：用於美容產品與塑膠製品。鄰苯二甲酸酯用於無數產品，例如除臭劑、乳液、洗髮精、潤髮乳、刮鬍膏、塑膠地板、部分化妝品、有機香料等。二〇一五年，艾咪・韋斯特維（Amy Westervelt）替英國《衛報》（*The Guardian*）撰寫的報導表示：「研究人員已找出鄰苯二甲酸酯會引起下列症狀：氣喘、注意力不足過動症、乳癌、肥胖、第二型糖尿病、低 IQ、神經發展問題、行為問題、自閉症譜系障礙、生殖發育變異和男性生育問題。」此外，鄰苯二甲酸酯經證明會干擾荷爾蒙。[35]雖然很難知道哪些產品含有鄰苯二甲酸酯，但是你可以遠離標有「回收編碼 3」（Recycle-Code 3）的塑膠包裝，以此做為開始。建議使用玻璃或回收產品製造的容器，避開含有「香精」成分的產品。

在你決定逃離社會、隱居山林前，請先冷靜一下，沒什麼好慌的。少量毒素甚至對你有益，輕微的壓力會讓細胞運作起來更有效率。空氣汙染、塑膠包裝和農藥是人生每天都要接觸到的，你可以過有機生活、使用空氣清淨機和排毒，藉此降低風險。本書後文會說明十三週駭客計畫，逐一列出我的建議。

統計數據以茲證明

我討厭瞎猜，一直都是這樣，所以對自己動力低、動機低的背後原因，才不想用猜的。我希望統計數據可以解讀並應用，藉此讓我的電池獲得能量，重新點燃火花。畢竟，十三週的期間不僅要治癒自己，還要達到最佳表現，可又沒有太多時間反覆試驗。手段必須快狠準才行，實際上也是如此。

我愈是深入鑽探該項研究，就愈是開始揭露重要模式。該模式會避開一般人的雷達範圍，如果不是醫師，也沒有在該特定專業領域工作，就格外察覺不到。我發現醫師有許多盲點、無數偏見，因而錯失當中的關聯所在。如果醫師在你身上只花不到五分鐘，怎能知道哪種治療法最有效？就算用意良善，為什麼只開立處方，不找出病因？

我對談過的每位專家都分別拿著一塊拼圖，沒有掌握全貌，這是我不得不克服的問題。我好像在看著由一堆碎布拼縫起來的百衲被，努力釐清哪塊布拼在哪，有飲食、營養、微生物體、心理學……哪一項對我的健康和心智影響最大？

我開始驗證自己的發現，證明自己的感受正確無誤。我的症狀並非全是想像所致，問題出在我體內的整個系統。我一知道這點，就終於可以採取行動。不過，還是賈西亞醫師診斷我得了專家所稱的「沉默的大流行」以後，我才知道的，而大多數的醫師對此完全忽視，對患者造成損害。

挑戰三

Health Tag 和 Spire Stone：此穿戴式裝置可追蹤呼吸率。

它開始在我的褲子裡震動！

我前往佛羅里達州西棕櫚灘（West Palm Beach）參加東尼．羅賓斯的「激發無限潛能」（Unleash the Power Within）活動之後，正在等火車返家之際，我的「戰或逃」反應超過負荷。身高超過二〇〇公分的男人衝進火車站，對著一名弱小許多的男人大罵一連串髒話，怪他把不好的藥給了他妹妹，害死了她。他像丟玩偶那樣，把矮小男人拋向角落的販賣機，我們在一旁看到都快嚇壞了。他再度快速抓起那個男人拋向水泥牆。高大的男人用低沉嗓音大聲要他拿行李去車裡。

氣氛緊繃。我跟另一名男人目光交會，我們怎麼做也阻止不了這個傢伙。兩個出口都被這場衝突給擋住了，除非紛爭解決，否則我們都要困在這裡動彈不得。

我以為自己就要目睹凶案發生，旁邊有個老太太跟我有同樣想法。然後，夾在我牛仔褲側邊的 Spire 穿戴式裝置開始震動。配戴者只要快速呼氣，裝置就會辨識出急促呼吸的情況，從而震動。這種失序狀態跟煩躁、焦慮和認知超過負荷有關。這種情況和交感活化——神經系統「戰或逃」分支——同時發生。這在碰到真實危險時非常實用，但反覆或經常暴露的話，會造成腎上腺疲勞、腸胃疾病、免疫系統受損和皮質醇濃度升高。[36]

該裝置讓我痛苦地意識到自己對心理壓力因子產生生理回應。那時我已經配戴四週，所以立刻深吸一口氣，開始再度正常呼吸。我不到六十秒就冷靜下來了。Spire 當場就中止我的「戰或逃」反應，而減少負面情緒無疑就能減輕該經驗可能造成的創傷。

警察到了，攻擊者被上銬帶走，後來我發現我們之所以沒意識到自身的行為，最主要的理由是我們缺乏工具來提高這層意識。

我那時使用多種穿戴式裝置，Spire 只是其中之一，那些裝置都是用來提供真實數據，從而深入瞭解潛意識行為，畢竟潛意識行為會塑造我的性格和我在這世上的經驗。我不能只著眼於心態，或只著眼於生化狀態。如果想真正感到勢不可擋，就必須兩者都兼顧。

第4章

沒有一體適用的成功法——找出你的成功標準點

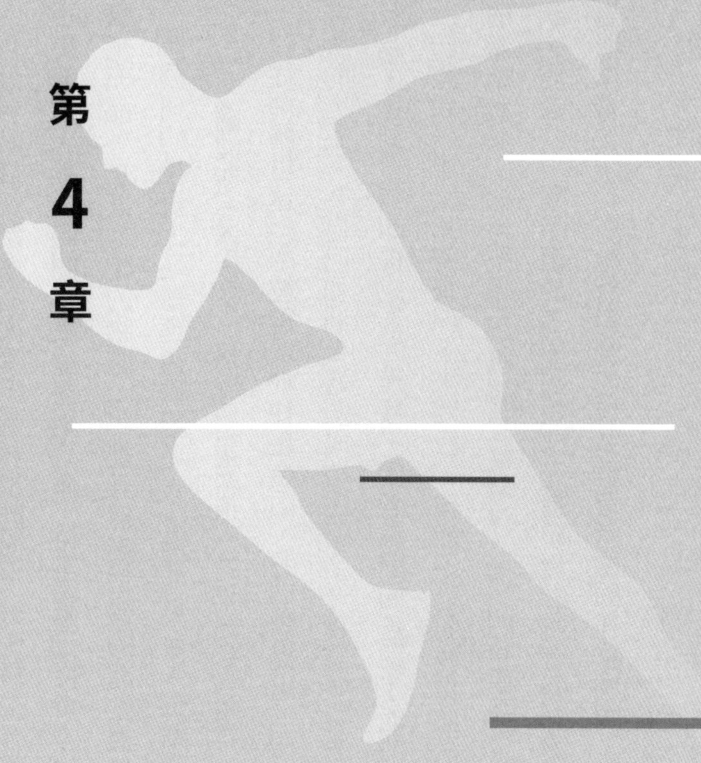

「你之前有做過指尖採血檢驗嗎？」HVMN®共同創辦人暨執行長胡智飛（Geoffrey Woo）向我提出這個問題，當時我們正坐在該公司的舊金山總部。

HVMN（讀音為「human」〔人類〕）認為人體系統可以量化、最佳化和升級。

該公司的益智劑產品大受矽谷員工歡迎，這些員工有著積極進取的「忙碌文化」，不得不更努力、更長時間、更敏捷地工作，以求滿足投資人並推動營收。益智劑是藥品，是營養補充品，是其他類的物質，可提升健康個體的認知機能、記憶力、創造力、活力和動機。該公司的投資人名單含括矽谷名人，例如Yahoo奇摩前執行長梅麗莎・梅爾（Marissa Mayer）、薩波斯（Zappos）執行長謝家華（Tony Hsieh）等，所以我想參觀公司，親身瞭解。

我從佛羅里達州聖彼得堡飛往舊金山，迫切想提出一個問題：「如何運用活力升級、人生升級的方式，為自己加油，邁向成功之路？」我需要更多的活力，如此一來，現在的模樣以及為了達到目標而得成為的模樣，兩者之間的差距才能消弭。

訪談到一半，胡智飛停下來問我，他能不能對我做血液檢驗，檢查血酮濃度。他想取得我的基準數據，然後再讓我試試HVMN公司的新產品——使用純酮酯製作而成的Ketone（酮）能量飲。酮酯源於美國國防部先進研發計畫署的計畫，該部門之所以對生酮感興趣，是為了讓菁英士兵在執行對身心皆為嚴苛考驗的任務期間，能表現得更好。

歷經超過十五年研究，並取得六千萬美元資金，再加上HVMN公司、牛津大學和美國國家衛生研究院（National Institutes of Health, NIH）共同合作，終於研發出成分九八・二四%為生酮、其餘為水的飲料。飲用不到三十分鐘，就會產生驚人作用和成效。[1]目前很熱門的生酮飲食需要二至七天才能進入生酮狀態，視體內醣類濃度而定。此時，有些人可能會有類流感症狀，畢竟大腦原本是靠碳水化合物和糖運轉，如今要切換到改用健康脂肪與蛋白質。這種全新的理想燃油稱為生酮。

有愈來愈多研究正在進行，生酮飲食也隨之熱門起來。現在有些科學家認為生酮是人體第四種燃油來源，能增強專注力與活力，具備的健康益處更是數不清。

在一百多年前，生酮飲食最初是用於治療癲癇患者，經證明可有效減少癲癇發作。根據目前的阿茲海默症療法研究，生酮或可有助延緩年長者的認知衰退。研究人員現在明白了，阿茲海默症患者的大腦會失去使用葡萄糖的能力，而葡萄糖是用來產生活力的。有些人認為生酮有助消弭這個活力差距。[2]

「好，很好，血液的狀況不錯。」胡智飛如此表示。

我的血酮濃度經測量是每公升〇・三毫莫耳。當然了，我並未採用生酮飲食法。其實，我才剛做完抗念珠菌飲食法（本章稍後會詳細探討）。二〇一四年，在克里斯多福・凱利

（Christopher Kelly）的《營養平衡茁壯》（*Nourish Balance Thrive*）播客節目中，身為南佛羅里達大學（University of South Florida）研究人員的多明尼克・狄亞戈司提諾博士（Dr. Dominic D'Agostino）表示，根據坊間數據，理想的生酮濃度應介於每公升一・五至三毫莫耳之間。[3]而我的數據相差甚遠。

我拿著一小瓶清澈的飲料，旋開瓶蓋，仰頭一口氣喝光，好像在上午十點喝一小杯龍舌蘭酒。我毫無準備！我努力隱藏反應，不讓胡智飛發現，卻藏不了。我全身都有種麻刺抽搐的感覺。這不是你常喝的那種帶有甜味的含糖運動飲料，而是具備許多好處的飲料。

胡智飛對我說，他們針對NFL和大環賽（Grand Tour）自行車選手，以及各種軍事部隊的人員進行酯檢驗，獲得相當顯著的檢驗結果。如果有什麼能帶給我活力，就是這種能量飲了。能量飲的研究結果也很驚人。

我們繼續進行訪談，但十五分鐘過後，我可以感覺到胡智飛急著想問我的感覺。他耐心等待，然後再次檢驗我的血液。

「好，我們來看看這裡發生的情況。哇，你的生酮濃度達到三・五，比狄亞戈司提諾博士提出的理想血酮濃度還高〇・五！你知道這數據多有意思嗎？這相當於斷食五至六天的情況。」無論是間歇式斷食還是長時間徹底斷食，都有利重新設定人體能力，充分運用燃油來源。斷食會自然創造出燃燒得更乾淨的燃油系統供大腦和身體運用，約需五天才能創造出這條途徑，這對斷食新手而言令人生畏。原本燃燒糖的機器變成使用自身脂肪做為燃油，這種斷食機制可讓人重獲活力和生命力。

然而，只不過是喝了一瓶酯，我就覺得好得不得了。我的大腦亮得像是聖誕樹，十歲後就再也沒有這麼活力充沛過了。

結束訪談搭乘 Uber 離開時，我覺得自己好像變成小孩，無法不往窗外看。我的大腦彷彿原本是從 2D 觀看世界，現在切換成 3D，色彩清晰，活力純淨又源源不絕。它讓我覺得很自然，不像是咖啡因的感覺，咖啡因會導致我每小時的心跳快得要命。

胡智飛肯定不曉得那一天對我有多重要，能量飲幫助我想起再次覺得自己好極了的感受，想起這種事真的可能成真。此外，還想起之前我們在網路上進行的問卷調查，七五％的受訪者承認自己受苦於腦霧。一般大眾就是不覺得自己好極了，這是個不幸的現實。我們以為活力低落是新的正常現象，但不一定是這樣。

那天的剩餘時間我忙東忙西，抵達舊金山後就一直拖延的工作，只花不到幾分鐘就突然完成了。我向來都有的恐懼、拖延和全身不適的狀況，也頓時消失不見。這情況持續到第二天，我才體悟到令人吃驚的事實：「我完全不用提高意志力！我不用說服自己工作。」

活力下降，意志力就要提高

該次經驗讓我不由得深思，酮酯把我變成促成者長達四十八小時之久，在這種狀態下，什麼事都覺得好容易做到。不用對抗負面想法、疲勞或腦霧，因為擁有充沛的活力，所以能毫不費力地管理意識之外的活動，所以也不用拚命強迫自己吃得好、刻意正面思考和持續集中精神。

根據定義，意志力的意思就是施加控制或抑制衝動。於是，我有了這個想法：「如果意志力就是施加控制，就表示有某樣東西失控，需要處理才行。問題就在於是什麼失控了？」如果我可以想出答案，那我的人生就會變得輕鬆許多。我的活力資源可以全用來達到更高層次的成功。我再也不用處理腦霧、回應時間緩慢、記憶力不佳、心情起伏和嘴饞等帶來的活力起伏，可以集中精神達到目標。

運用意志力的話，就需要耗掉更多活力才能達到預期的目標，才能處理你電池耗盡的幕後原因。那就像是你手機裡那些不必要的「預裝軟體」（bloatware），在你最需要電池時耗盡電池電力。你必須整天時時替手機充電。預裝軟體被藏起來了，大家看不到，不會怪預裝軟體，反而是怪電池沒有足夠電力。

活力充沛時可順便處理的事（例如拿出洗碗機裡的碗盤、洗衣服、付帳單），在活力低落時，就突然變成一場意志力的戰役。想想「控制」與「心流」的區別吧！掌握活力，就能掌握心流狀態。不用控制自身行為，一切就都水到渠成。低落的活力會嚴重破壞身心。

就我的例子而言，活力值會影響動力和動機，而且影響程度遠大於我原先的想像。我跟很多人一樣，都太過強調自己需要有更強的意志力，卻沒意會到這種思維模式會讓我陷入更大規模的混亂狀態。

此後，在駭客任務的最後六十天期間，我開始每天觀察自己的行為和對意志力的需求。如圖表 4.1 所示，我的活力往上升高，對意志力的需求就隨之往下降低。頭三十天，我試驗 Halo Sport，並進行每日的 CrossFit 健身挑戰，結果我對意志力的需求一飛沖天。此時，我還是覺得不舒服。我對抗著嘴饞、疲勞和腦霧，無法集中精神，同時要努力從事高強度健身，還要為本書研究健身法。

此外，還要對抗一連串負面想法，比如：「我不曉得自己能不能完成這項專案！」我能用在決策上的活力變少了，當天也會提早到達決策疲勞臨界值，從而能力遭到限縮，做不完更多事，於是沒有活力能用在自己想專注處理的多項重要工作上。

拖延症與恐懼之所以悄悄潛入，是因為我以前不明所以就進入自保模式，而那是活力值忽高忽低所致。我的大腦正設法把擁有的少許活力留給關鍵機能使用，而努力邁向目標並不包含在關鍵機能裡。問題在於你是處於圖表4.1的哪種模式？

我開始自問：「該把提高意志力當成目標嗎？」個人成長產業每天都灌輸我們這種看法，他們說要成功的話，只要落實這些習慣就行了。然而，他們卻並未探究高成就者為何比一般人更容易落實這些習慣。沒錯，當你的名聲或職業岌岌可危時，就需要意志力才能撐過去，才能完成某些工作，但要是處於活力赤字的狀態，就不該強行施加意志力。

人們把意志力當成解藥般，逢人就推薦，卻不曉得活力低落會影響行為和心情。這種簡化的思維模式不僅會設下限制，也會造成損害。我們的目標和達標所需的活力之間的差距，如果不去消弭的話，就非得時時拚命取得控制才行。處於活力赤字就表示日後無法成功，或者更糟的是，我們會成功，卻還是很痛苦，因為我們沒有活力可以樂在其中。

想像跑道上的情況吧，每個人都走上前來，準備要跑一百公尺短跑，可是你的活力低落，不得不以起跑線後方十公尺為起點。頂尖表現者則是以起跑線前方十公尺做為起點，於是這樣就有二十公尺的差距得要趕上才行，不得不施加更強的意志力來彌補劣勢，從而付出更大的生理代價。此外，還得更掌控想法，畢竟大腦能運用的活力不足，就會去尋找它所能找出的每條捷徑。

圖表 4.1　意志力真的是答案嗎？

活力值耗盡時，對意志力的需求就此上升。化學物質失衡／營養不良會造成缺乏衝動控制，導致人愈需要意志力，要施加更多活力才能推翻掉「缺乏動力」的情況，從而耗盡電池電力。

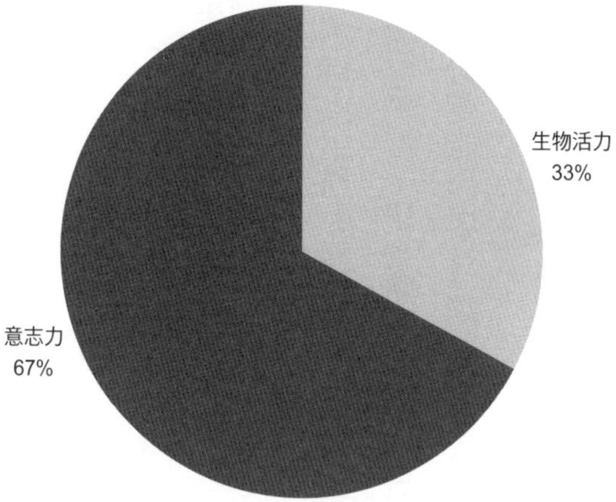

生理活力增加，對意志力的需求隨之大幅降低。不用對抗身心疲勞，生活因此變得簡單。改變很容易落實並持續。

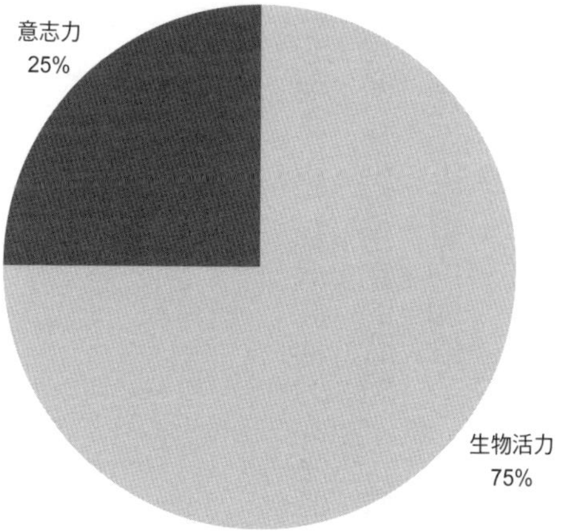

從美國國家科學院的決策疲勞研究就可得知，這樣會導致你要在以下方式二選一：一，做出成效較低的決策；二，決定什麼也不做，不參賽。在這種狀態下，在防禦者或守護者的模式下，你會處於報酬遞減點。也就是在促成者或協調者模式下做到的事，不管是什麼事，防禦者或守護者都要花兩倍心力才能做到。

你的成功標準點是什麼？

如你所知，不付出生理上的代價，就無法擁有高水準的心理產出。你處於活力赤字時，付出的代價就會變得更高，畢竟除了你為自己設定的目標，還要在這麼倦怠的狀態下，費力掌控身體和大腦。只要能找出自己的成功標準點，就能立刻察覺從中阻礙的因素。

> 成功的標準點就是高於目標所需活力量的那個點。

若能擁有多餘活力，就既可維持現狀，又能追尋願景，並因應一路上碰到的挫敗，這樣就能脫穎而出。因此，有許多人在嘗試跨出舒適圈時，會預設回到原本的生化狀態，也就是大腦會進入自保模式，活力資源會轉到別的方向。

為了增加活力資源，為了變成擁有大量心理清晰感和專注力的促成者，注意力就必須轉移到下列三大關鍵因素：粒線體、腸道微生物體、燃油。前述各項因素不僅能降低你對施加意志力的需求，而且還能提高你對耗盡電池電力的內在與環境壓力的耐受度。

提高壓力耐受度，就表示能更快從挫敗中站起來，分心了也能重新集中精神，還能有條不紊處理問題，不會過度情緒化。就我的例子而言，原本從青少年時期起每天都要吸入氣喘藥，現在再也不需要了，我的駭客任務竟帶來了意想不到的結果。

非凡的粒線體：生命的燃油來源

在戴夫．亞斯普雷心目中，有個主題極富吸引力，那就是粒線體。粒線體是細胞裡頭、形狀如雪茄的小小部位，可製造三磷酸腺苷（adenosine triphosphate, ATP），亦即細胞茁壯所需的能量。粒線體會從我們吃進的東西裡汲取能量，然後轉化成三磷酸腺苷。粒線體以最大產能運作時，心理表現會獲得提升。三磷酸腺苷會把你身心充電所需的能量都留存起來，還能達到完美平衡，讓你持續以促成者的身分運作。

這種能量的製造亦稱克氏循環（Krebs Cycle），堪稱人體一大關鍵機能。大腦會使用當中的能量進行思考、記住事物、學習、做出決策。大腦裡的細胞充滿粒線體，粒線體有如電源供應器，可推動人體整個系統。神經元失去活力的話，就會經歷認知受損、疲勞和腦霧。

克氏循環會把糖、蛋白質和脂肪轉換成檸檬酸，製造出理想能量所需的原料。然而，環境毒素——如第3章所述——會影響到粒線體。人體愈來愈需要處理食物、藥物、居家產品和汙染空氣所含有的更高濃度毒素，體內整個能量系統都因此承受壓力。粒線體含有幾種重要的抗氧化酵素，如果不足，可能會承受氧化壓力，這就是粒線體出問題的徵兆。有些科學家認為這可能會引起一些疾病，例如憂鬱、慢性疲勞、阿茲海默症、自閉症、帕金森氏症和注意力不足過動症等。

戴夫說：「如果你受創傷之苦，不是生理創傷，而是情緒創傷，就算這樣，粒線體還是會察覺到你有壓力，而粒線體一認為你有壓力，就會讓你做好準備逃離可怕的東西，就算那東西並不存在也一樣。粒線體這麼做時，就會關掉休息、修復和復原這三種機制。所以不管怎麼樣，一有壓力事件發生就增加身體製造能量的能力，這樣就有可能減輕壓力，還得以處理憂鬱、焦慮和創傷。」

要保持電力十足並存活下去，粒線體會是重要的燃油來源。沒有粒線體，你就會死。採取簡單容易的步驟，大幅提升粒線體的機能，足以左右你整體的安適感。

你與你的粒線體：「為自己加油，邁向成功之路」十步驟計畫

要為自己加油，邁向成功之路，並改善專注力、活力和心理表現，可採取下列十項簡單又重要的步驟來增進粒線體的健康：

1. 減少食物與環境含有的毒素
2. 降低壓力值與皮質醇濃度
3. 經由高成效的運動和循環，落實氧氣療法
4. 大幅提升荷爾蒙濃度，例如請功能醫學醫師檢查甲狀腺濃度
5. 飲用過濾水
6. 食物敏感症檢驗／淘汰食療
7. 確定鎂濃度達理想狀態。在各種保持人體機能正常運作的過程中，鎂都占有重要的

一席之地。鎂能保持血糖正常、讓肌肉和神經正常運作等，還有利產生三磷酸腺苷，改善粒線體機能。[4]

8. 良好的一夜睡眠（第8章會有更詳細的探討）
9. 高強度間歇訓練（High Intensity Interval Training, HIIT）。有研究報告顯示，做了兩週的HIIT，骨骼肌裡的粒線體機能就會大幅增加。[5]
10. 仰賴脂肪，不仰賴糖。脂肪酸是粒線體的最佳燃油，也燃燒得比碳水化合物還要更乾淨。若是透過脂肪／生酮製造三磷酸腺苷，產生的自由基就會變得比較少（需要清理的也隨之變少）。[6]

我們需要探究的第二項關鍵因素就是微生物體。根據延恩・聖喬治喬麥（Yann Saint-Georges-Chaumet）二〇一六年發表的文章，許多研究報告都表示微生物體的品質與多樣性會影響粒線體的機能。[7]

微生物體：更健康、更有活力、更有好心情的關鍵

儘管我每個月只喝一、兩杯葡萄酒，但還是常有宿醉的感覺。我的酒量向來不好，只知道酒跟我相斥，卻不曉得原因。我坐在賈西亞醫師的診間，沐浴在螢光燈的光線裡，散落的拼圖終於開始拼湊起來。

「我生了什麼病？」我問他。

「你消化道裡的白色念珠菌過度生長。」他回答。

這種不尋常的消化不良疾患亦稱腸道發酵症候群（Gut Fermentation Syndrome）或念珠菌感染，會讓人一直有喝醉的感覺。症狀很多，例如極難專注投入簡單的工作、腦霧、慢性疲勞、憂鬱、鼻竇炎、氣喘、心情低落、免疫系統衰弱、脹氣和便祕等。如果症狀很嚴重而你又開車的話，可能會收到酒後駕車的罰單。舉例來說，CNN曾經報導，二〇一五年，某位女性的酒後駕車罰單就因此被撤銷，她提出證據證明自己有類似症狀，名為「自動釀酒症候群」（Auto-brewery Syndrome）。[8]

白色念珠菌常被說是伺機性的酵母菌，八〇%的人都有，通常存活於口腔、皮膚和消化道，不會引發問題。然而，環境適合的話，白色念珠菌會快速增殖，成長到無法控制的數量。

大家往往認為只有免疫系統受抑制的人（例如愛滋病或糖尿病患者）才會有白色念珠菌增殖的情況。不過，因太空旅行而導致免疫系統受損的太空人竟然也有這種情況。哈佛健康出版（Harvard Health Publishing）機構表示，健康者使用皮質類固醇（例如氣喘專用噴霧劑）、營養不良和服用某些藥物，也會導致症狀出現。[9]

美國衛生福利部也抱持同樣觀點。[10]根據研究顯示，接受抗生素治療以後，有可能會導致念珠菌過度生長，體內的微生物體有可能無法完全復原。抗生素採取的是焦土政策，各種好菌壞菌一律遭到殲滅，從而引發過度生長的情況。[11]

腸道和大腦的關係

人類的腸道微生物體含有數十兆的微生物，重量最多達四．四磅，相當於二公斤。[12]對照來看，比平均的人腦重量還重，人腦重約三磅，相當於一．三六公斤。[13]有新的研究發現腸道與大腦間的交流是雙向的，還會對心情和活力值造成重大影響，因此現在有許多科學家把腸道稱為人類的「第二個大腦」。我把腸道想成是多了一位舵手來協助掌舵。

科學家發現愈來愈多相關重要資訊，近年來的微生物體研究也因此突然激增。甚至還有個領域叫精神益生菌，亦即透過益生菌與益菌生來改變腸道微生物體，用以治療心理健康問題。[14]二〇一七年，史考特・安德森（Scott C. Anderson）出版了《精神益生菌革命》（*The Psychobiotic Revolution*），吸引更多人關注這個領域。

以前大家還認為這種想法未免異想天開，如今有愈來愈多科學家開始關注益生菌與益菌生，覺得它們也許能用來治療憂鬱、焦慮和其他心理健康問題。二〇一五年，荷蘭萊頓大學（Leiden University）進行小規模研究，四十位受試者接受為期四週的益生菌療法，結果負面的想法和感覺都減少了。[15]

我不由得這麼想：「我們能不能經由自身的腸道微生物體，駭進自己的想法？」這想法並沒有聽起來那樣瘋狂。

有些實驗也證明了，改變飲食就能激發人體內的微生物體在二十四小時內暫時產生巨大變化。這就是關鍵所在了，正如多項研究所示，在緩和慢性疾病方面，例如發炎性腸道疾病、肥胖、第二型糖尿病、心血管疾病和癌症等，腸內微生物體都扮演著重要角色。[16]

我坐了下來，思考人生中狀況最糟、最好時的每一起重大事件，結果發現有個現象很有意思，每次出國或接受抗生素治療後，我就突然變得憂鬱、疲勞，而且無法集中精神。我不由得想，我之所以覺得沮喪，是因為假期結束嗎？還是因為腸道接觸了它不知該怎麼處理的國外微生物？

我聯絡 Thryve 公司的執行長暨共同創辦人林理查，向他請益。Thryve 公司提供腸道健康檢驗以及世上第一份微生物體報告。該公司團隊裡的科學家來自麻省理工學院、史丹佛大學（Stanford University）、加州大學戴維斯分校（University of California, Davis）等大學，還有美國食品藥物管理局（U.S. Food and Drug Administration, FDA）。

樣本送出後，他們會先細分出哪些細菌在你的腸道裡最活躍，然後量身打造出對你的微生物體有利的益生菌。他們還會推薦一些可改善微生物體的特定食物，並告知何處才能取得特製料理的材料。

對於我的旅行理論，理查說：「其實，我覺得根本沒有相差很遠。我們看過大量的研究，畢竟我們的客戶來自全球各地，而他們的微生物體完全不一樣，可能是食物和環境造成的。我們見過一些研究，實際上環遊世界時，基於人體某種週期變化、日光節約諸如此類的因素，微生物體其實會劇烈變化。

有時這樣會很不利。你有時會有導致發炎的微生物。因為旅行的關係，所以你身上導致心情問題的微生物會轉移到更大的人口族群上。然後，你也接觸了那個環境裡的微生物，那些是你一般不會接觸到的，所以旅行時才會腹瀉。不只是吃進壞掉的東西，其實是因為身體不適應周遭環境的微生物，設法排出來，就是不習慣罷了。」

我更深入鑽研該項研究，也開始自問，念珠菌過度生長是不是一種沉默的大流行？只是很多醫師還沒承認這點罷了？我拿這個問題去問戴夫和理查，他們都響亮地回以肯定的答案。那時，理查還向我說明兩個令人震撼的案例研究，證明腸道微生物體會對健康帶來莫大影響。

理查說：「舉例來說，我們看過有個案的禿頭是自體免疫疾病所致，個案有困難梭狀桿菌（*Clostridium difficile*，是一種嚴重的細菌感染），導致嚴重腹瀉。他接受了糞菌移植。糞菌移植自人腸道裡取出健康糞便，均質化並弄成泥漿狀態，再移植給腸道不佳的患者。所以就是把好的微生物引進壞的腸道裡，那男人的頭髮真的開始長回來了。」

理查繼續說：「我們在帕金森氏症方面也看到成果，有位來自澳洲的醫師湯瑪斯・布羅迪（Thomas Brodie）在美國負責帶領糞菌移植法和微菌叢植入（Fecal Microbiota Transplant, FMT）。他的一些患者有帕金森氏症，也有便祕症狀，所以他採用三合一抗生素療法進行治療。三種不同類型的抗生素清除了導致便祕的微生物。然後，他進行糞菌移植，藉此再度引入益菌。他發現這種療法不僅能去除便祕症狀，還能反轉帕金森氏症的症狀。」

飲食方式會殺死健康的微生物體，並引起發炎嗎？

二〇一八年，波昂大學（University of Bonn）的研究結果發表於《細胞》（*Cell*）期刊，並根據類似的人體急性發炎反應，把速食飲食比喻成細菌感染。此外，研究人員還發現，「過度攻擊性的免疫系統」可能要承受長期的後果。由此可見，飲食若含有大量脂肪和糖，自身免疫系統可能會受到永久損害。[17] 再加上過度使用抗生素，摻了糖的飲食導致壞菌滋生，簡直就是災難一場，我們的活力與邁向成功的動力就此消滅。[18]

叫我吃驚的不只是理查的答案，還有我原本的診斷。我並不曉得自己能不能獲得答案，能不能好轉。有位醫師對我說：「大部分的人疲勞是永遠找不出原因的。」我心想：「**沒錯，那是因為他們的醫師是你！**」

最後，我終於找到答案可解釋下列感覺：上午吃完早餐後就頭暈、全身疲勞、強烈焦慮，而且有攻擊性。這就是根本原因。我深入探究該項研究，發現自己在不自覺中，創造出完美風暴，致使壞菌過度生長，氣喘症狀加劇。我那「完美風暴」背後的因素列舉如下：

- 去美國和加拿大各地三個月，接觸到許多不熟悉的腸道細菌。

- 過度使用皮質類固醇可能會抑制我的免疫系統，導致我對酵母菌／念珠菌的過度生長非常敏感。我常常在生病！
- 為了治療嚴重的鼻竇炎感染，我接受抗生素療程，殺死健康的腸道細菌，導致念珠菌過度生長。我生病時，免疫系統已經耗盡。接著，我的氣喘症狀加重，這點並不令人意外，畢竟有些研究顯示服用抗生素會造成之後產生氣喘與過敏。[19]
- 由於我對這種細菌很敏感，因此我的氣喘症狀加劇，也不令人意外，畢竟氣喘和白色念珠菌之間的關聯眾所皆知。[20]念珠菌過度生長可能也會妨礙吸收營養，導致我的維生素D濃度低落，氣喘和疲勞也會隨之進一步惡化。[21]
- 有念珠菌的人維生素D不足是很普遍的現象。[22]維生素D度充裕，可強化免疫系統，從而降低傳染病罹患風險。[23]
- 食物敏感症可能會引發複合問題。[24]

我接受 EverlyWell 食物敏感檢驗，確認有念珠菌過度生長的情況。我對烘焙酵母和釀酒酵母菌非常敏感，兩者都是酵母菌過度生長的指標。

有件事倒是出乎預料，我修正自身的維生素D濃度，接受抗真菌療程去除念珠菌，還從飲食中排除敏感食物，結果氣喘竟然消失了。我寫這段話時，已經五個月沒用氣喘藥。我這段個人經驗稱不上是氣喘治好了，以後還是可能再復發。不過，要是復發了，我很清楚有哪幾個步驟可以因應。

真正讓我驚訝的，是一切都互有關聯，但醫師對每種症狀都分別治療。多個惡性循環上場發揮作用，導致我的認知衰退。

這一切都合理了。賈西亞醫師問我小時候是不是接受過抗生素治療，答案是肯定的。上次接受抗生素療程後，我的症狀就先突然爆發了。不只是這樣，我還經常使用氣喘專用噴霧劑，而這類噴霧劑經證實會引發念珠菌過度生長。

採取極端措施來修復自己

我依照賈西亞醫師的建議，從幾個方向著手應付這項挑戰，例如：兩瓶維生素點滴；洗腸；為期四週的抗念珠菌飲食法，完全不吃碳水化合物和糖，或者減量至最低；泰復肯（Diflucan）療程，此為常用的抗真菌藥物。有件事很有意思，我試過的方法中，洗腸並不是最難受的；最難受的是身體排毒時，細菌開始陸續死去，引起頭痛、疲勞和嚴重腦霧。我的心情經常上下起伏不定。我要麼想睡覺，要麼想拿椅子砸在某人臉上，由此可見我有多憤怒／疲勞。

然後，我終於好轉，活力開始恢復，恰好正是時候。我安排訪談行程，要跟舊金山與加拿大的專家對談。我前往加拿大的維多利亞，拜訪戴夫・亞斯普雷以後，就決定跟另一半在溫哥華待幾天。到了那裡，我們發現自己竟然沒有備齊必要文件，無法重新進入美國，要花整整一個月才能取得必要文件！不用說，這件事阻礙了我的計畫。

那一整個月，我不得不待在溫哥華，留意到有個現象很有意思。我的消化規律運作。我的臉再次有了血色，之前四年都像是臉色更蒼白的 CNN 主播安德森・庫柏（Anderson Cooper）。我恢復正常飲食習慣後，就可以吃甜食，不會增加一磅的體重。落實抗念珠菌飲食法、接受抗真菌療程後，我的微生物體達到平衡。不過，等我們回到聖彼得堡，我的腸道再次徹底失衡，又開始疲勞起來，我覺得自己好像要從頭開始。

然而，這次一出現消化問題（脹氣、腹瀉和便祕），我就立刻採取行動。如果我想擁有必要的大量活力，就必須先治癒腸道。從活力十足的狀態落到可怕狀態，這打擊猶如在我頭上敲了一記警鐘。

確認胃部狀況

至於這專案的每個部分，我都希望有科學證據可證明我經歷的狀況。我的醫師做了基本檢驗和臆測，成效之差，好比是蒙眼射飛鏢。正如本章前文所述，我發現了林理查的 Thryve 公司，所以從加拿大回來後，就決定接受腸道健康檢驗。他們郵寄了一份檢驗包給我，內含樣本玻璃罐、棉花棒、預付郵資的箱子，我的樣本可裝進箱裡郵寄回去。我之前一直擔心自己得要大在玻璃罐裡，謝天謝地，只要提供米粒大小的糞便樣本就行了。四週後，我收到檢驗報告，結果令我意想不到。

Thryve 可讓你查看線上數據圖表，用簡單詞彙解釋你的檢驗結果是什麼意思，告知你該吃哪些食物重新調整胃部狀況，讓微生物體重新達到平衡。還會針對整體腸道細菌健康狀況打分數。我拿到六五分，滿分是一〇〇分（見圖表4.2）。

從這分數就能看出身體運作機能是否良好。分數愈高，表示愈接近健康目標。Thryve 公司會註明西方國家普遍獲得較低分，這自然可以預料得到，畢竟食物供給有所改變，垃圾食物十分普遍。西方國家的分數通常落在五〇分至八〇分之間。我落在這範圍的中間程度，但遠低於理想值。於是我更深入探究資料。

圖表4.2具體呈現出若干關鍵問題，假如我沒接受檢驗，肯定永遠都不曉得。我缺乏特定類型的益菌，導致胃部不適與消化問題。螢幕畫面上，有一種類型吸引了我的注意力——類桿菌（*Bacteroides*）。類桿菌有益腸道健全並提升免疫力，我的數值遠低於健康平均值。另枝菌（*Alistipes*）的數值也很低，另枝菌有利消化脂肪、抵禦病原體和協助消化全麥，而我多年來在消化全麥上都有問題。結果，我避開全部的穀物，尤其是燕麥。

乳桿菌（*Lactobacillus*）是我體內幾近耗竭的另一種細菌，乳桿菌常見於世界各地貨架上的益生菌營養補充品，具備的好處都經過大量研究，比如說：有利分解食物、吸收營養、擊退不友善的微生物；具有抗真菌的特性；對於克隆氏症（Crohn's disease）和大腸激躁症（Irritable Bowel Syndrome, IBS）的患者很有助益。

還有一種細菌是我幾乎沒拿到什麼分數，就是雙歧桿菌（*Bifidobacterium*）。雙歧桿菌有益胃腸與免疫力，有抗發炎的特性。還有其他益處，其一就是抑制病原體。病原體包含害菌、病毒、在腸道黏膜繁殖及／或引發感染的其他微生物。

如果我能修正這些失衡情況，我的腸道能獲得治癒嗎？腦霧能消失不見嗎？活力能再度增加嗎？

首先，我開始服用 Thryve 寄來的益生菌，那是根據我的檢驗結果量身打造的。現成的

圖表 4.2　我的 Thryve 腸道微生物體檢驗結果

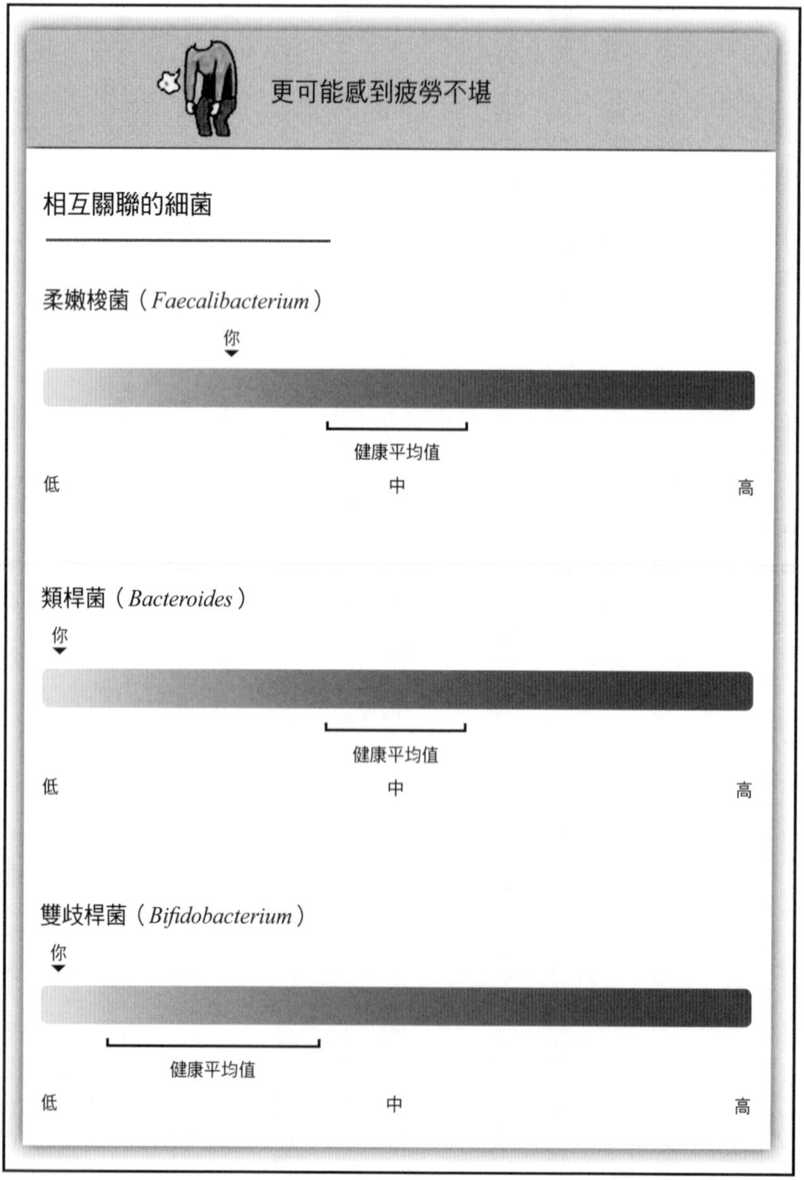

益生菌還是會讓我的腸道失衡，畢竟當中不含**我的**身體需要的所有益菌，多樣性也不符合我的需求。

其次，我開始食用含有我缺乏的細菌之食物，比如含有類桿菌的杏桃。不到兩週時間，我就開始留意到差異所在。我的消化獲得改善，腦霧開始消散，脹氣逐漸消失。

我還以為自己為了治癒腸道失衡，什麼方法都試過了，卻沒一個方法奏效。現在，我終於明白原因所在。

腸道和生化狀態都有如指紋，腸道細菌——益菌和壞菌——的平衡和組成都是獨一無二的。適合你的，也許不適合我，反之亦然。一旦認知到這點，就能根據數據修正這些失衡，而非憑空猜測。

只要著眼於增加腸道細菌多樣性，就能在健康的許多層面上帶來影響，例如體重、消化、活力調節、認知、過敏和免疫系統等。其實，有一點很驚人，八〇%的免疫系統竟然就位在微生物體裡頭。幸好有個簡單方式可以因應，就是瞭解哪些食物最能讓腸道充滿益菌，畢竟心情和消化都會受到影響。

為何一體適用的營養法行不通？

接受腸道健康檢驗後，我看待一切的角度就此改變。

住在澳洲時，我成年後多半都落實乾淨飲食法，也就是盡量避開精緻糖、碳水化合物和麩質。我採行熱門的飲食計畫 Body for Life，該計畫由比爾．菲利普斯（Bill Phillips）制定推出，奉行一天多餐，每週選一天做為「肥胖日」。我能輕鬆做到一整週都保持健康飲食模式，只有肥胖日除外。我沒有受限的感覺，不會感到嘴饞，也沒出現腦霧或疲勞症狀。

然而，現在我維持同樣的飲食模式，只是在不同國家，而且是在接受抗生素療程之後，可是我的體重和脂肪逐漸增加了。就算減少卡路里攝取量，身體還是毫無反應。我光憑自身感覺就能察覺自己營養不足，卻不知原因所在。我的飲食跟以前一樣，有健康的水果、蔬菜和蛋白質，十分均衡。

根據新的研究顯示，腸道細菌不只有益消化，在增重和減重方面也扮演關鍵角色。根據二〇一六年《美國科學人》（*Scientific American*）的研究報告，研究人員對兩個都瘦以及兩個都胖的雙胞胎進行研究，結果發現兩組受試者的腸道細菌存在莫大差異。瘦受試者的腸道細菌種類豐富，胖受試者的腸道細菌多樣性較低。[25]因此，我下了個結論，除非將微生物體健康以及個人對食物的反應都納入考量，否則大部分（不是全部）的飲食計畫都靠不住。

我們人類社會向來把體重的增加立刻怪罪在基因上，可是我們的DNA都很相似。真正該問的是下列問題，為什麼每個人對食物的反應那麼不一樣？為什麼有些人能隨心所欲吃進碳水化合物，有些人看了披薩一眼就重十磅？為什麼有些人採用生酮／原始人／艾特金斯（Atkins）飲食法很成功，有些人卻因嚴苛的排毒法而產生消化症狀？為什麼有些人吃得不好，卻還是感覺好極了？

為了增加活力值與專注力，我應該著眼於飲食？還是微生物體？

現在，有些公司聲稱他們能根據基因量身打造飲食計畫（但少有研究證實成效），卻沒考量到一項因素，就是腸道微生物體的基因數量遠超過基因體的基因數量，約是一百比一。在我們與食物的關係中，腸道微生物體的基因扮演著不容忽視的角色。

我看過的飲食法無以計數，每有一項正面作用，就有一項負面作用，或有一個案例研究證明該計畫會引起負面反應。每種飲食法各有優缺點，比如：要抑制嘴饞的感覺；採用生酮飲食法的頭五至七天會有副作用，有些人會覺得難以忍受。上一分鐘，科學家說碳水化合物不好；下一分鐘，又說碳水化合物很好。真相其實就在微生物體的特徵上。對你有益，也許對我有害。

同儕審查醫學文獻每年刊載的營養論文超過十萬篇，實在難以跟上腳步。況且全部的研究都忽略了關鍵領域，也就是說，那些研究都沒考量到每個人的微生物體獨一無二，每個人的反應可能截然不同，各國的情況尤其不一樣，這點是我跟理查談過後才發現的。

飲食計畫必須量身打造，這樣才能確保每個人都擁有需要的活力，不只是感覺好而已，還要能達到感覺好極了的程度。人人都有活力追求目標，並在這名為「人生」的雷區自由穿行。量身打造就能提高計畫成功機率，以有益自身的方式飲食。

無論你選擇何種飲食法來改善心情、記憶和動力，都必須納入下列幾項關鍵因素，並根據你對各種食物的反應進行微調：

- **從飲食當中去除糖與加工食品。**身體與大腦可因此擺脫毒素並避免發炎。二〇一六年，羅伯特．魯斯提博士（Robert Lustig）在《加拿大糖尿病期刊》（*Canadian*

Journal of Diabetes）發表文章，他認為人們把太多糖灌進身體裡，導致身體再也無法處理糖。糖是人體必須去除的毒素，但在這場戰役，我們卻戰敗了。[26]

- **吃的食物要能增加微生物體多樣性**。這類食物包括了可讓腸道充滿健康細菌的發酵食物，例如酸黃瓜、韓式泡菜、未加工的優格、康普茶等。這類食物含有豐富的益菌生，益菌生可餵養益生菌，促進健康細菌生長。益菌生纖維是我們無法消化的醣類，但能促進腸道細菌蓬勃生長。

自從我發現自己腸道失衡，就開始補充大衛・博瑪特博士（David Perlmutter）的醫師配方系列益菌生纖維，我會加一湯匙到香蕉果昔裡，如果再加上少量的中鏈三酸甘油脂（常見名稱為MCT油），就格外能抑制下午的嘴饞，還能防止便祕，我再也不會下午三點左右就昏沉不已。此外，更能防止我吃太多零食，有利維持體重。

根據卡加利大學（University of Calgary）的研究，益菌生甚至有利「改變過重兒童或肥胖兒童的腸道微生物相，從而減少體內脂肪」，因此有助對抗兒童肥胖。[27]

- **去除造成不適的食物**。這類食物包含會導致你出現下列症狀的敏感食物：便祕、腹瀉、遲鈍、腦霧、頭痛、疲勞或心情改變等。要深入瞭解就接受食物敏感檢驗吧！如果要按部就班從飲食中去除某些食物，找出哪些食物是起因，得花好幾年時間，接受檢驗兩週內就能獲得答案。

- **讓腸道充滿健康細菌**。從加拿大回來後，我採取極端做法，以一週為期，每隔幾天就做益生菌灌腸，讓腸道重新恢復健康。這做法奠基於博瑪特的療法。後文提及的九十天計畫會更詳細探討這點與益生菌建議（和原因）。[28]
- **用脂肪增強體力**。我開始補充MCT油，食用酪梨與橄欖油來增加體內健康脂肪，第5章會更詳細探討。此舉有助抑制嘴饞，而下午三點左右活力萎靡與嘴饞的情況也會減少。
- **食用抗發炎食物**。包括綠葉蔬菜、甜菜根、藍莓、青江菜、青花菜、西洋芹、奇亞籽、椰子油、亞麻籽、薑、鳳梨、鮭魚、薑黃、胡桃等。凡是會導致你敏感的食物一律排除。
- **食用各種有機蔬果**。可增加微生物體的多樣性，並提升整體腸道健康。
- **飲用過濾水**。化學物質（例如氯）會對纖弱的腸道微生物體產生何種影響，多半仍不可知。無論住在哪個城市，住在世界哪處，為避免管線生鏽或供水遭汙染而不必要地暴露在毒素下，請務必過濾水。
- **把反式脂肪和植物油換成橄欖油、酪梨油或葡萄籽油**。有研究發現，食用大量反式脂肪的受試者，憂鬱症罹患風險會增加四八％。同一份研究也顯示，比起吃少量橄欖油或完全不吃橄欖油的受試者，每天食用橄欖油超過二〇克者，憂鬱症罹患風險低了三〇％。[29]

超市賣的精緻加工食品經常使用反式脂肪，各家速食連鎖店也使用反式脂肪來油炸食物。自二〇〇六年起，美國食品藥物管理局即要求營養成分標籤列出反式脂肪，以便消費者瞭解飲食攝取量。[30]

- **增加 Omega-3 攝取量、減少 Omega-6 攝取量**。兩者都是有益健康的必要脂肪酸，但兩者要達到適當的平衡，才有助保護關節、胰臟、心臟、皮膚和心情平穩。Omega-6 常見於玉米和植物油，我們食用的 Omega-6 分量太多了，會導致身體保留水分並提高血壓，進而引發血栓，而心臟病發作和中風的風險也隨之增加。[31]
- **食用可抗真菌的食物**。包括卡宴辣椒、椰子油、蒜頭、薑、檸檬、萊姆、橄欖油、洋蔥、南瓜籽、蕪菁甘藍都利於擊退腸道壞菌。凡是會導致你敏感或過敏的食物，請一律不要食用，應找出適合的替代品。
- **手邊備有活性碳**。最初是戴夫・亞斯普雷介紹給我的，那時我提到自己採用抗念珠菌飲食法，正在排毒。他說，排毒時，尤其是這麼激烈的飲食法，毒素可能會累積。

活性碳能黏附在毒素上，然後身體會排出去。活性碳在急診室已應用多年，用於治療某些中毒症狀（含酒精在內），有助於防止毒素經由胃部吸收進入體內。我現在會間歇使用活性碳，尤其是覺得沒有氣力，可能吃進不適合的食物時。活性碳也能緩和放屁、脹氣的狀況，甚至能降低膽固醇。

- **落實間歇式斷食法**。我從小到大都以為每天不吃六小餐的話，肌肉量就會減少（這信念之後就被破解了）。六小餐雖能幫我一整天保持活力值，卻無法幫我維持住較低的體脂率。開始十三週挑戰的一個月前，我進行三十天間歇式斷食法，每天拍攝鏡中的自己，好觀察身材變化，並讓自己負起責任。

許多研究報告都顯示，間歇式斷食法可有效減輕體重、減少發炎，還能以增加生酮的方式來增強腦力。間歇式斷食法的流行是影星休．傑克曼（Hugh Jackman）帶起風潮的，他在準備《金剛狼》（*X-Men Origins: Wolverine*）電影期間就是採用此法。間歇式斷食法是一種進食模式，不是飲食模式。不是改變你吃的東西，而是改變進食的時間。不是一整天都在進食，而是在固定時段內進食。

最受歡迎的做法是每天進食八小時，禁食十六小時。一開始可漸進式縮短進食時間的長度，直到縮短到八比十六的目標為止，這是迄今最易落實的飲食法。我是每天中午到晚上八點之間進食，週末有一些彈性。我如果提早進食，禁食的時間也跟著提早。這十分容易維持下去，我的腸道可以休息，不用一直消化食物，因而從中獲益。

約翰霍普金斯大學（Johns Hopkins University）神經學教授馬克・馬森（Mark Mattson）表示，斷食經證明可增加腦神經生成——亦即新的大腦細胞與神經組織的成長發育——速率。[32] 隨著神經生成速率加快，大腦表現、記憶、心情和專注力也會跟著增加。此外，斷食經證明可增加大腦衍生神經滋養因數（Brain-Derived Neurotrophic Factor, BDNF）的產生。

BDNF有如「大腦專用的美樂棵（Miracle-Cro）肥料」，在神經可塑性方面扮演重要角色，可讓大腦更能因應壓力，更能適應變化。間歇式斷食法經證實可增加BDNF達五〇%至四〇〇%。[33] 對於粒線體生合成（亦即新粒線體的產生），也帶來正面的好處。

間歇式斷食法的頭兩週期間，我沒發現生理上有任何變化。到了第四週，我比對斷食前後的相片，才有了驚喜發現，就算限制卡路里還是一直擺脫不掉的頑固背部脂肪，竟然消失不見了。這種斷食法比我預期的還簡單許多，尤其又能減掉體脂，還能增加活力與心理清晰感。我上午會飲用大量茶和汽泡水，維持飽足感。這改變很容易做到，好處更是無以計數。

找出適合自己的飲食法

依照前述容易應用的方針進行，就會開始留意到自身的活力值和心理清晰感起了莫大變化。外頭的飲食法五花八門，別因此就不知所措。找出適合自己的一套飲食法，但始終要著眼於微生物體的健康；這是根本的基石，但很多人都沒納入考量。飲食上的轉變有助於促進健康細菌生長；然而，若有酵母菌過度生長或腸內失衡的情況，可能需要接受抗真菌療程，對消化系統重新設定並重新開機。詳情請洽功能醫學醫師。

正如我們學到的，意志力和想法不只會受到教養影響。當你設法成為頂尖表現者，設法擁有活力來達到所有目標時，當中有許多因素會起作用。在邁向成功的路上，食物和毒素的增加可能會形成阻礙，但你絲毫沒有察覺，因為那發生得如此漸進緩慢。只要排除前述因素，運用持續又乾淨的活力來源，讓自己整天都持續集中精神，就能在更短的時間內，達到更多成就。

促成者和協調者仰賴的是乾淨的食物來源；守護者和防禦者仰賴咖啡因、精緻糖、碳水化合物才能撐過一整天。你是哪一種呢？我修正腸道失衡的情況後，嘴饞、腦霧和疲勞隨之消失。我吃進的分量是先前的一小部分而已，感覺卻變好了。

我不再計算卡路里，反倒著重食物帶給我身體何種感覺。我心情不好，不會馬上怪罪某人或某事，而是立刻回想自己吃了什麼。我變得非常冷靜，已經超過十年沒體會過這種感覺。我為了測試而喝喝看的酮酯能量飲，帶來我需要的衝勁，可以繼續往前邁進。不過，在做出必要的飲食改變並養成習慣，讓整個身體和大腦重新開機以前，必須先跨出重大的第一步！

請你現在就停下來問自己，是不是感覺好極了？我指的是確實好極了。還是說，你覺得還好？還好就是不好。我們都希望自己好得不得了。然而，要做到這點，就必須先跨出重大的第一步，提升的活力才能維持得夠久，讓新習慣留下來。為此，我們需要深入探究益智劑和營養補充品的領域。

挑戰四

洗腸趣事：我的體脂怎麼從一六％降至一三％。

我開始在網路上搜尋主張洗腸有益的研究。賈西亞醫師建議我洗腸，以此做為療程的第一步。我並不愛這想法，卻也決心要讓自己好轉。自古代起，一直有大腸水療的做法，據稱這療程有利身體排除廢物和毒素。好幾家專業協會──包括美國醫學會（American Medical Association）在內──對於大腸水療都抱持懷疑的態度。

在網路上找不到有什麼研究深入探討大腸水療的益處，我跟這幾年斷斷續續做過大腸水療、也願意證實確有益處的幾位朋友談過，然後決定帶著懷疑的態度去試試。

在燈光昏暗的房間裡，護理師給人賓至如歸的感覺。她冷靜解釋大腸水療的程序，說明其他客戶的個案研究，有位客戶在做洗腸以前，一個月沒排便了！這樣可不能說沒一個好處了吧！

不那麼浪漫的故事版本如下：我穿上長袍，她把一根管子插進我的直腸。牆上有一連串乾淨的管道，排出來的東西會出現在那裡。我發誓她肯定找到十年前的一串鑰匙了。我接受水療以前覺得肚子相當空，不過，天啊，我大錯特錯！

那一整晚我都覺得反胃，可是早上醒來，卻覺得好得不得了。沉重的重量不僅從腸子裡排出去，也從腦子裡排出去了。我跟朋友說了水療的成效，他們說那只不過是脫水。體重計呈現出的說法不一樣。我減掉了四．四磅，相當於二公斤，接下來幾週，我的體重和體脂還是持續降低。洗腸加上抗真菌，讓我的消化系統重新開機，體脂從一六％降至一三％。上回達到一三％，是不得不挨餓才做到的。這次卻覺得很自然，狀況也好轉，活力從而增加。

第5章

營養失衡壞了你的情緒——營養補充品，讓心智變敏銳

「什麼？我們要困在加拿大一個月？」我在電話上怒氣沖沖反問移民官。原訂十天的西岸行程是從洛杉磯到舊金山，再回到加拿大，卻沒料到要待五週。我的益智劑、穿戴式裝置、營養補充品實驗，早在幾個月前就已詳細計畫好一切。部分訪談耗時幾個月才敲定，現在全被打亂了。

我們才剛得知，就算收到美國住居工作需要的文件，還是沒有那份可重新進入美國的必要文件。美國駐溫哥華大使館的面談時間都排滿了，我們得要等一整個月才能面談，然後還要再等幾天才能收到護照。由於這次的耽擱，我不得不購買昂貴的來回機票飛往渥太華，去換發我的澳洲護照，還得指望護照及時送到，趕上溫哥華的移民面談。突然間，我們不得不準備在加拿大過白色聖誕節和新年。然而，我擔心的不只這件事。

出發前一個月，我和另一半決定認養米奇（Mitch），牠是漂亮嬌小的約克夏㹴犬，需要很多愛。佛羅里達州有四十隻約克夏㹴犬遭疏忽對待，被從一間屋子裡援救出來，牠是最後一隻。在我們見到米奇的一個月前，牠那駭人的救援故事上了當地新聞，牠是那批約克夏㹴犬中，最後一隻還留在聖彼得堡 Pet Pal 動物收容所的，牠嚇壞了。

我們一敲定行程計畫，就請好友黛比和瑞奇（Rich）照料小米奇。突然間，一週後，我不得不從加拿大打電話問好友能不能再照料牠五週左右。我知道他們一定會把米奇照顧得很好，但還是不由得火冒三丈，這麼大的一顆變化球朝我們丟過來，經濟和情感都遭受重擊。

假如我打了肉毒桿菌，傷口肯定會裂開，因為我就是這麼氣！

待在溫哥華的第一週，我一直很生氣。我覺得自己做了必要的一切，好確保這種事情不會發生。訂這次的行程就已經花了一大筆錢，現在還要承受另一次經濟重擊，突然要待在加拿大五週。

還有一點更是雪上加霜，我的筆電故障了。我要寫書，還要完成所有研究和實驗，怎樣才做到？九十天不斷倒數計時，而我卻要面臨排山倒海的壓力！

我坐在機場裡，看著大家登上飛往渥太華的飛機，此時我覺得真是夠了，我的九十天駭客任務不僅要做到感覺好極了，不僅要消弭身分差距，更要達到高度的情緒控制水準，能讓我因應任何挑戰，包括困在海外一陣子。接受抗真菌治療、改變飲食後，我的活力大幅改善。現在該要讓我的思維、記憶、專注力和動機獲得升級。這是天賜良機，我可以對自己迄今揭露的一切進行測試。會有用嗎？我決定運用一點額外的幫助。

過去，我在因應高壓的生命事件時，會採用心理排練和情緒釋放法（Emotional Freedom Technique, EFT）。然而，這次我要先加強心理狀態，再應用前述兩種技巧，並增強這類技巧的效用，以便發揮長久效力。我之後才明白，原來自己是出於必要而成為「偶然的身體駭客」，為的是一勞永逸治癒自己，並且去除疲勞、憂鬱和記憶喪失。

飛往渥太華的航程期間，恰好可以進行第一次實驗，試試戴夫．亞斯普雷介紹我服用的益智劑和尼古丁。我第一次嚐到尼古丁是在戴夫位於加拿大山區的個人防彈實驗室，他讓我第一次嚐到防彈咖啡。防彈咖啡是由草飼奶油、MCT油和戴夫自有咖啡豆調製而成的獨特飲品。除此之外，戴夫還加入全新的甜味劑，打算要上市。他跟我說，他要用一劑尼古丁讓我的大腦燒起來，再追加益智劑做為結尾。

戴夫朝我的舌下噴尼古丁，不到幾秒鐘我就打起嗝。我倆突然笑了出來，不得不暫時中斷訪談，等我冷靜下來。

「你瘋了嗎？」我心想。那時，戴夫正在解釋尼古丁是一種知名又經過完善研究的益智劑，可改善認知與表現，因而流行起來。尼古丁跟香菸有關聯，因此往往評價很負面。然而，若把尼古丁從香菸的五千多種化學物質中分離出來，研究結果竟然十分正面，茲列舉如下：

- 會讓人變得更機警。舉例來說，尼古丁貼片會讓某些人更長時間集中精神從事一件耗盡心力的工作。
- 尼古丁服用者更能回想起清單上的字詞。
- 能增強短期記憶。
- 可提高注意力。
- 可縮短反應時間。
- 可抑制胃口。[1]

目前有研究人員正在分析尼古丁，想判定它對下列症狀可不可能帶來療效：阿茲海默症、帕金森氏症、注意力不足過動症、思覺失調症和肥胖等。此外，尼古丁堪稱為價格不貴又多半安全的選擇。[2]

我連一根香菸都沒拿過，對尼古丁會在我身上造成何種作用，感到十分不安。戴夫朝我的舌下噴了尼古丁，我喝下防彈咖啡，不到幾分鐘，就覺得臉熱了起來，然後咖啡起了效用，我幾乎一年沒碰咖啡了。感覺好新奇。接下來就是快步調又高生產力的訪談，身體駭客策略的所有範疇都談遍了。我第一手見證到這個創新的腦神經學領域如何跟「駭進自身健康」結合起來。

一週後，我登上飛往渥太華的班機之前，朝舌下噴了尼古丁。我想在毫無干擾的控制環境下，觀察尼古丁會對我的認知造成什麼影響。這次，我的反應截然不同，頭暈目眩、快要昏倒。其他乘客正在通過機場貴賓室的安檢登機，而我不安地看著，開始想著到底該不該登機。我最後選擇登機，拚命努力撐下去。那時的我看來像是陷入妄想狀態的毒蟲嗎？我感覺是這樣。我要搭五小時飛機，然後在多倫多轉機，再飛到渥太華，而我竟然在這之前對自己做這種事？

我畏畏縮縮登上飛機，坐在自己的座位，戴上頭戴式耳機。我聽著一年前在紐約專為自己製作的強大心理排練音檔，想像接下來待在加拿大的日子會怎麼展開，想像著完成專案會有多麼美好。然後，我繼續替這本書進行研究調查。五小時後，我抵達多倫多，幾乎記不得航程狀況。

你有沒有過沉浸在工作裡，專注到不曉得一整天怎麼過的？你抬起頭來，突然發現已經過了好幾個小時。我已經好幾年未曾體驗過這種程度的專注力。在飛機上，我不僅讀了一整本講述腸道微生物體的書籍，還寫了三千多字，只不過後來連線斷斷續續就都不見了，不過這絲毫沒讓我煩心，反正我很容易就記起自己寫下的內容。

我集中精神，機警度之高前所未有，還體驗到強烈的冷靜感。心理排練過後，我的憤怒逐漸消失，尼古丁讓我的精神全都集中在眼前的事物上，彷彿把前方的道路都清理乾淨了，我不但能享受這趟短暫的航程，也能享受接下來待在溫哥華的生活。然後，我在戴著 Muse 頭帶靜觀時，進行尼古丁測試，結果令人震驚不已。我有了具體的證據，可計量出尼古丁對我的成果的改善程度。

全力以赴，成為「促成者」

要運用十三週駭客任務成為促成者，就必須充分認識自己先前在疲勞倦怠狀態下達不到成效。我必須先辨識出自己目前扮演的是下列哪種身分：防禦者、守護者、協調者、促成者。接著，必須漸進式去除對自身情緒造成負面影響的食物和藥物。之後，必須做好邁向成功的準備，也就是要轉換燃油來源、食用抗發炎食物、著眼於健康的脂肪，這樣就能在大量心理產出後，替大腦重新充電。一旦腦霧開始消失，我就能經由益智劑與額外的營養補充品，集中精神釋放全部潛能，照亮我眼中的真實自我模樣。

若是處於防禦者或守護者的模式，要做出改變就變得難上加難，畢竟前面會有一大段路要走。正如我們所知，認知能力會變成獻祭的羔羊，從而致使下列能力受限：專注力、決策、研究紮實的計畫、採取行動和維持任何改變。我們必須著手開始進行可帶來充分心理清晰感與專注力的事，這樣才能有效評估哪些方式有利做出簡單漸進的改變。我稱此為「漸進式超負荷」（Progressive Overload, PO）。

所謂的漸進式超負荷，就是每天持續做出小改變，九十天後，就會很輕鬆進化成你自知會成為的模樣。稍後我的九十天計畫會更詳細探討這點。

此時，我的目標清晰起來。我得增強活力、集中精神，改變才會發生。要做到這點，就得找出哪些營養補充品和益智劑能把局面變得對我有利，而且久得足以讓我獲得一些動力。

> 營養不良會擴大你最差的情緒，讓你成為自己的敵人。

正如我們所見，現代農業起了變化，光憑健康飲食不足以滿足所有營養需求。然而，問題不只出在農作方式。二〇〇四年，當時在里茲大學（University of Leeds）擔任微生物學資深講師的約翰・海瑞提（John Heritage）發表一篇文章，講述尼瑟蘭（Netherland）等人的研究結果證明「人類消化基改食物時，人造基因會改變腸道益菌的性質。」[3] 其實，不說擔憂食物品質受到基因上的損害，光是努力維持體內健康的腸道微生物體，就已經是一場艱鉅的搏鬥。這項研究還證明目前環境和營養方面的可怕結果，其實是基因工程師意外改變有機體，影響跨界基因漂流（Genetic Flow，又稱基因汙染）所致。[4]

我們必須明白，五十年前營養很充分的飲食，到了今日卻不是如此，全球人類變得營養不足，從而導致腦霧、肥胖、疲勞、憂鬱、焦慮、記憶喪失、虛弱、大腦機能異常和行為改變等。這是下一波的全球大流行，自是不言而喻。

吃進各種健康有機食物固然重要，卻不再足夠。我們需要補充飲食，確保自己能消弭營養差距，充分發揮最大潛力，從而獲得更多的專注力、活力、動力。就算現在吃進的食物分量跟十年前一樣，也無法獲得同樣的營養價值。

在佛州坦帕（Tampa）牛津交易所餐廳（Oxford Exchange）的簽書會上，《更好的大腦解方》（*The Better Brain Solution*）作者史蒂芬・麥斯利醫師（Steven Masley）表示，高達八五%的人營養不足。我們之所以還沒認知到這點，是因為很多醫師還在倡導健康飲食就已經足夠。不過，根據科學研究，實際情況卻非如此。礦物質耗光的疲倦土壤，種出了礦物質耗光的食材。結果個人只得自己去瞭解這情況對自身行為造成的影響，並據此補充營養品。

大腦重新開機、提升活力、集中精神

營養不良會拖慢認知速度，從而在人生各層面都無法做出健康的決定。要破除這個週期，就必須細分出最常見的維生素和礦物質不足的情況。營養補充品跟益智劑有個共通點，往往是停止服用後，才會察覺它們完整的效用。

「我感覺好極了！不用再吃維生素了。」你有沒有這樣說過呢？你之所以感覺好極了，是因為你正在服用維生素。或許幾週過去了，你也不會想到營養補充品不足會導致你態度和表現不佳。只要你開始覺得心情不好，請將下文視為必做清單，這樣就能立刻採取行動，修正路線。

我特意不列劑量資訊，為什麼呢？劑量高低視生活方式因素、年齡、飲食和營養不足程度而定。至於什麼劑量適合你，請洽詢功能醫學醫師或自然醫學師。每個人體內的微生物體、居住地、日常壓力因子、吃的食物都不一樣，因此人人在生化上都是獨一無二。適合我的，也許不適合你，反之亦然。

下列任何一項領域不足的話，可能會出現一些症狀，表示有其他病症。如果你發現有任何症狀跟下列營養補充品不足有關，務必立即尋求適當的醫療協助。

二〇〇五年，《美國精神病學期刊》（*American Journal of Psychiatry*）刊載的研究報告指出，先前曾經營養不良的兒童，罹患行為相關疾患的機率會隨年齡增長而提高。這會不會是個人放棄目標、放棄團體、放棄自己的一大根本原因？營養失衡的話，心理機能、心情和對壓力的回應也會隨之扭曲。5

讓身體與大腦重新開機的六大營養補充品

下列營養補充品對防禦者和守護者都十分重要，畢竟防禦者和守護者可能營養不足，認知機能因而受影響。一有營養不良的狀況，就必須立刻解決，免得無法變成身體駭客。你的主要目標是去除自己目前的腦霧或疲勞。

如果你是促成者或協調者，下列營養補充品應可協助你進一步磨利心理之劍，在巔峰活動期間，增加你對生理壓力和情緒壓力的耐受度。

維生素D：調節心情、提高專注力、增進記憶力

如第3章所述，有些專家認為維生素D不足可說是一種大流行。在調節心情、防範憂鬱、改善專注力和增強記憶力方面，維生素D扮演著不可或缺的角色，因此營養補充品十分重要。只靠曬太陽不一定足夠。人們待在室內的時間增加，營養補充品——尤其是冬季期間——有助防止季節性情緒失調（Seasonal Affective Disorder, SAD），這是一種跟季節變化有關的憂鬱症。

然而，若要得知自己的身體需要多少維生素D，請醫師進行簡單的血清檢驗，查出你體內的含量。然後，你就知道該從何處開始。你吸收維生素D的能力、年齡、所在地理區域和族群，全都會影響這個重要的維生素。你應服用的劑量高低，不要用猜的，請先取得你的資料數據。

類型：D_3
服用時間：早晨
推薦品牌：Carlson Super Daily D_3（超級每日維生素D_3）[6]

鎂：心理健康與睡眠

鎂有利於鈉、鈣、磷、鉀、維生素D的吸收；維生素D尤其是如此，要是沒有鎂，就無法生成。鎂不足會導致維生素D以非活性的狀態存放在體內，多達五〇%的美國人都有這種情況。此外，有一項研究認為，多達七五%的人達不到每日鎂攝取量。由於工業化做法使然，從食物攝取到的鎂已減少。[7]

這項重要礦物質不足會引發心理疾患，冷漠即是其一。心理麻木或缺乏情緒是冷漠的顯著特性。[8]根據研究顯示，鎂的低下也會增加罹患憂鬱症的風險。[9]此外，有多項研究推測，鎂不足可能會造成焦慮感增加；然而，還需要進行更多研究才能確切判定。還有一項研究發現，鎂也會造成皮質醇減少，這種壓力荷爾蒙過高會讓人晚上睡不著。[10]

類型：蘋果酸鎂（Magnesium Malate），可以提高活力，改善肌肉酸痛；蘇糖酸鎂（Magnesium L-Threonate），可增強記憶力與大腦機能；氧化鎂（Magnesium Oxide），有利排便規律。

服用時間：在此推薦 Colosan Capsules（氧化鎂），每天早上兩顆，餐前三十分鐘服用，好讓腸道動起來，同時防止消化緩慢導致毒素在體內累積。

推薦品牌：請洽詢功能醫學醫師，找出哪種類型的鎂最適合自己。

碘：提高活力、增強記憶力、大腦健康

甲狀腺使用碘這個礦物質來產生甲狀腺激素，有助身體機能，例如修補受損細胞、控制成長和調節新陳代謝等。碘不足並非罕見的情況，全球多達三分之一的人口都有碘不足的風險。[11]碘可改善免疫功能，有助防止大腦受損。

賈西亞醫師說我的碘濃度是正常範圍偏低，我很訝異。他提醒我，如果碘濃度再下降而我又沒補充營養品，就會有甲狀腺問題。我之所以疲勞、記憶力不佳和虛弱，這也是其中一項原因。由此可見，雖然檢驗結果看來正常，但後續務必向醫師提出一個重要的問題：「是

正常範圍偏高？還是偏低？」如果是正常偏低，顯然就不是理想的健康和預防用藥。

實驗室制定的數值有許多都是取自三十多年前，以正常成年男性為基準，各實驗室的數值也有所不同。在這各有不同的正常範圍內，你務必要知道自己是落在哪個位置。你或許還有些微的不足症狀，能在症狀惡化前快速改正過來。含糊回答檢驗結果，難以大幅改善健康。記住，健康就掌握在你的手中。開口提問吧，假如你需要的答案醫師無法提供，也別怕開除醫師。

生理上活躍的個體，碘不足的風險很高，因為流汗會造成碘流失。[12] 甲狀腺異常會引發身體上的一些問題，舉例來說，心情會受影響，也會造成認知機能與若干疾患（如躁鬱症）的進程產生變化。[13] 重要須知：如果你有甲狀腺的問題，在補充碘以前，請先洽詢功能醫學醫師。

類型：海藻粉、海藻液或碘化鉀（Potassium Iodide）膠囊

服用時間：錠劑每天服用一次，隨餐服用；液劑塗在方形小貼布上，貼在下腹。

推薦品牌：Bulletproof Iodine（防彈海藻碘）

維生素 B_{12}：改善心情、細胞再生

維生素 B_{12} 不足也會引發各種症狀，例如情感疾患、躁鬱症、活力低落／疲勞、性問題／不孕、憂鬱、焦慮、易怒、記憶喪失，甚至是阿茲海默症、失智症、癌症、學習障礙。只要接受簡單的血液檢驗，就能判定維生素 B_{12} 的高低。[14]

根據塔夫斯大學（Tufts University）法拉明翰後裔研究（Framingham Offspring Study），二十六歲至八十三歲的成年人當中，四〇％的維生素 B_{12} 不足，九％完全不足，一六％「接近不足」。還有一點令人不安，這個族群中有許多人還出現腦神經方面的症狀，例如心情起伏、情緒突然失控、機警度降低、讀寫困難、認知能力不佳、憂鬱和妄想等。[15]

維生素B與健康的腦部化學物質存在與否，都會影響到心情。某項研究發現，B_{12} 濃度最高且接受諮商的個體，在搭配諮商控制憂鬱症狀方面，也會獲得最大的成效。[16]

類型：膠囊和／或口含錠

服用時間：每天隨餐服用

推薦品牌：Bulletproof Methyl B_{12}（防彈甲基 B_{12}）

腦辛烷值油：高效率、高活力的燃油來源，增強腦力、減少嘴饞感

這種提升活力的脂肪對身體和大腦很有效用。腦辛烷值油（Brain Octane Oil）含有MCT油，MCT油亦稱中鏈三酸甘油脂。MCT油是少數食物自然產生的脂肪。碳水化合物和糖會造成血糖激增，從而突然昏沉起來，嚴重影響心情和行為；MCT油卻可讓身體快速吸收，然後轉換成大腦的燃油，亦即燃燒脂肪的生酮。生酮不能儲存成脂肪，因此能快速增加活力並長久維持活力，同時又不會增加體重。

戴夫·亞斯普雷主張，比起含有月桂酸的椰子MCT油，腦辛烷值油轉換成生酮的效率更高。他還表示，腦辛烷值油產生的生酮量是純椰子油的四倍。

MCT油是乾淨又效率高的活力燃油來源，特別適合用來提升及保有一整天的活力值。我把MCT油加到下午三點左右喝的高蛋白飲品裡，嘴饞想吃零食的感覺就消失了。我的體脂率自然下降，完全不需要運用意志力，就會避開精緻加工食品。此外，正如我們所見，東西只要能引人嘴饞，就會讓衝動控制機能變得毫無作用，持續集中精神的能力從而受到影響，不得不增強意志力。

第10章會講述史蒂芬妮（Stephanie）的故事，她打算要去除腦霧、憂鬱、疲勞和焦慮，

在此簡短預告一下，她五天減了八磅，相當於三．六公斤。她改用健康的高脂（包括把食用MCT油加入每天的例行事項），不用施加意志力就能應付嘴饞感。

她解釋：「我沒有強迫自己吃得健康，也沒有覺得自己錯失了什麼。唯一一次我覺得匱乏的時候，就是忘了有效服用營養補充品時。MCT油、益菌生、健康的脂肪徹底抑制及控制了我的嘴饞。跟以前多次嘗試掌控健康的情況相比，這次感覺容易許多。」有研究發現，輕度認知障礙患者食用二．七湯匙的MCT油，即可改善認知機能。[17]健身者和耐力型運動員也會食用MCT油增強活力，降低體脂，同時增加淨肌肉量。[18,19]

類型：液體。一開始少量，在茶／咖啡／果昔裡加一茶匙，然後漸進增加到每天一湯匙。太早就食用過多分量會導致胃部不適。請慢慢增加劑量，找出適合自己的劑量。

服用時間：我上午十點左右會食用一份MCT油，下午三點左右會再食用一份，用以抑制嘴饞並保持活力。

推薦品牌：推薦戴夫．亞斯普雷研發的Bulletproof Brain Octane Oil（防彈腦辛烷值油）。對椰子敏感或過敏的人，可放心，此產品經過處理，不含椰蛋白。

鋅：調節壓力、增強免疫力、平衡荷爾蒙，有利營養吸收

鋅是一種金屬，也是不可或缺的微量元素。每天都必須有少量的鋅，才有利維持健康並執行其他重要機能，例如荷爾蒙分泌、成長與修復、改善免疫力、促進消化等。鋅也是抗炎劑，有助調節大腦和身體對壓力的反應。鋅不足會引發憂鬱症的症狀、學習與記憶困難、攻擊性，甚至是暴力。[20]憂鬱患者血清就有鋅濃度低下的情況。[21]人愈是沮喪，體內的鋅濃度就愈低。[22]

類型：膠囊

服用時間：避開用餐時間或含有鐵、鈣、鄰苯二甲酸酯的營養補充品，以免降低鋅的吸收率。

推薦品牌：Bulletproof Zinc with Copper（防彈鋅含銅）配方

一分錢一分貨，慎選營養補充品

請勿選擇最便宜的營養補充品，有些未經適當監管，有危害之虞。非處方的營養補充品很多都是品質次等，請多方查閱資訊並閱讀他人評論。營養補充品是一分錢一分貨。雖然營養補充品可能貴得讓你挑眉，但我發現自己能發揮最佳表現，增加收入的能力也以倍數增加。你能以更高的清晰感，接連快速做出更好的決策，從而能以更短的時間達到更多成就。

如果你在前述任一方面有所不足，人生就會變得更為艱難，沒有必要這樣。如果負面情緒放大了，就必須增強意志力才能抵消這樣的不足，於是你的電池進一步耗盡，你也因此回到防禦者模式。

沒成功是很複雜的問題，我們卻設法過度簡化，用這句話概括過去：「全都是你想像出來的，克服就好了。」這樣的話，我們就無法處理根本原因。沒錯，有些問題光憑意志力就能克服，後續幾章會探討。不過，光憑意志力無法克服營養不良和毒素，這些是實質的生理症狀，會讓人無法創意思考，無法高效解決問題。

揭露根本原因，就意味著我們再也不用在現在的模樣以及需要成為的模樣之間左右拉扯。突然間，你不用因為沒有活力就強迫自己去做某件事，反而能進入真實自我的狀態。之所以會那般左右拉扯，是因為舊有身分阻擋我們成為全新又進化的自我，是因為沒有充沛的活力可以做出成功未來所需的改變，舊有的生化狀態把我們困在過去。

人無法長時間超越不佳的生化狀態，終究會被趕上，嚐到苦果。不過，只要把燃油來源轉換成乾淨永續的活力，那麼宏大的願景以及未來的自己所需具備的要件就能獲得滿足。如今，我們也有各種益智劑可以選擇，在要求變得嚴苛時，它們可增強心理狀態。沒有它們，就達不到目標；有了它們，就能擁有充分的燃油，踏上成功之路。

第6章

讓體內加速平衡——益智劑大幅提升心理表現

鏡頭回到二〇一七年，澳洲新南威爾斯州杜波市。

我剛看完自然醫學師荷托，她擁有營養醫學高級文憑和其他許多證書，但我需要更多協助。那天，我已經睡著兩次，準備要打第三次瞌睡。當時我處於最低潮的狀態，瀕臨全面崩潰。我還沒確切找出所有營養不良狀況，需要協助才能撐過一天。我不顧一切，什麼都願意試試看。

荷托開給我下列三樣營養補充品：茶胺酸（L-Theanine）、酪胺酸（L-Tyrosine）、左旋肉鹼（L-Carnitine）。當時，我不曉得它們其實是益智劑，只是需要個東西讓我有力氣離開防禦者模式，協助我成為促成者，一天有短短幾個小時也好，能讓我繼續經營事業並管理遠端團隊。那週我必須替 Entrepreneur.com 拍攝八部影片，但那時要站在攝影機前面，臉上露出微笑，可說是最糟糕透頂的事。

我服用益智劑的頭幾天，沒發現自己有任何變化，但接著突然好轉。益智劑並非徹底的解決辦法，卻肯定能讓我踏在正確道路上。我清楚記得腦霧開始散去，清晰起來，整體態度獲得改善。益智劑幫助我拍完影片並因應下個挑戰——幾週後搬到美國，人生重新開機。

二〇一八年一月，我們針對全球各地九百九十九位創業者進行調查，沒耐力達到目標的受訪者中，九〇%出現腦霧症狀，比起有耐力達到目標的受訪者還高了三六%。

這些人沒有必要資源，無法邁向目標、達到目標，不但因此被人怪罪，還自己怪自己。他們覺得自己毫無價值，也缺乏成功所需的信心。再加上還有一堆心靈勵志大師日益齊聲唱和：「要努力一點！」

益智劑：精神機警、輕鬆專注、活力加倍

我跟多位醫師交流互動無數次後，也怪自己心理耐力不足，不曉得自己經歷的其實是一些實質生理症狀，當中的病因只要獲得正確協助，就很容易處理。

多虧荷托介紹益智劑給我，此後我就開始利用各種營養補充品組合進一步實驗。當時，我並未充分瞭解自己在做什麼，只知道營養補充品有幫助，我的記憶力有所改善，覺得自己更健康，比以前更為專注。

益智劑分成兩大類：一種是藥品，例如莫達非尼（Modafanil）；另一種是植物萃取出的營養品。這兩類都能用來改善認知機能。假如我當初沒在疲累狀態下從益智劑中受益，沒充分瞭解益智劑的用途，那麼肯定會抱持懷疑態度。我堅持服用營養品類型的益智劑，只有

尼古丁是例外（你在前一章就讀過了）。我想要避開所有討厭的副作用，例如興奮感、睡不著、過度刺激而引發的焦慮不安。

我更深入鑽探研究，偶然發現Nootropedia（www.nootropedia.com）的創辦人曼索．丹頓（Mansal Denton），該網站專門提供無數益智劑的各種資訊。曼索踏入益智劑的領域，是在德州州立監獄待了六個月後不久。罪行是他在十八個月內，從大屠殺紀念博物館偷走價值數千美元的歷史文件，當成國外旅行資金，去見他深愛的女人。

監獄裡滿是全身刺青的暴力受刑人，對他這個中上階級的書呆子而言，簡直像進了另一個世界。他在服刑期間反省自己的人生，思考如何成為成功的創業者。獲釋後，他決定盡一切努力，成為更優秀的人，要健康飲食和靈修，當然還有益智劑。在十三週任務期間，我聯絡曼索，問他：「你檢驗各種益智劑以後，最大的心得是什麼？」

他說：「身體總是希望達到體內平衡，每天服用益智劑，身體就會適應，（在大多數的情況下）獲得的益處就會隨之減少。」

這正是我經歷的狀況。我服用酪胺酸和左旋肉鹼三個月後，疲勞又開始悄悄找上門。我的身體已經習慣酪胺酸和左旋肉鹼，必須要提高劑量才能讓身體好轉。那時候我明白了，營養補充品可以每天服用，但益智劑必須輪流替換，身體才能持續從中受益。曼索繼續說：「老實說，在貿然跳進藥品和營養補充品領域前，請先考量生活中還有哪些地方需要改變。大家必須先奠定好根基，要有充足的夜間睡眠、健康的飲食、運動，還要有大量的社交和人際關係，然後再跳進來。」

由於醫療專業人士不夠深入理解，沒看出我營養不良，所以我是反著做。我決定先改正自己的不足之處，再繼續進行營養補充品的實驗。等我的活力開始穩定下來以後，我設立一些具體的試驗條件，預期成果也包含在內，例如增進專注力、改善記憶力、獲得清晰感、改善睡眠和改善心情等。營養補充品的副作用也必須是零或極小。於是，我最後得出下列益智劑，目前每週輪流替換服用。

在我撰寫本書的三個月期間，這些益智劑非常有用。寫書需要費盡心力，不但要閱讀大量醫學研究，還要跟醫師、身體駭客和腦神經學家等人進行無數次訪談。

大幅提升心理表現的六種益智劑

為了讓人生變得更輕鬆，我不僅親身試驗下列益智劑，還用易懂的方式加以細分，毫無誇大之處。說到健康，總是同樣的道理，在開始落實新的健身法以前，請先洽詢健康專業人士，判定哪種健身法適合自己。

咖啡因：高效能的大腦燃油

咖啡因是高效能的大腦燃油，成效極高，幾乎立刻就能讓人更為機警。咖啡因是常用的精神作用藥物，會影響中樞神經系統對大腦機能、心情和行為的控制。咖啡、綠茶、紅茶、白茶等都含有咖啡因，人類早就懂得咖啡因的好處。然而，如果對咖啡因或咖啡敏感，就不是這樣了。

每個人對這種強大益智劑的反應不一樣，因此務必要知道自己的耐受度。甲喝三、四杯咖啡或許沒關係，但同樣分量的咖啡因可能會引發乙的焦慮，無法集中精神。適量攝取咖啡因可延長壽命，還能增加血清素，影響心情，強得足以對憂鬱症造成明確的影響。[1]

副作用：視個人耐受度而定，咖啡因可能導致失眠、緊張、心神不寧、心跳率／呼吸加快、胃部不適或反胃。[2]此外，就跟所有的益智劑一樣，一段時間過後，身體可能會對咖啡因的好處變得不敏感。此時應暫時停止攝取或減少攝取量，以便重新設定耐受度。

來源：

1. **瑪黛茶：**知名身體駭客提摩西．費里斯（Tim Ferriss）喜愛飲用的茶品，戴夫．亞斯普雷在其播客節目《防彈廣播》（*Bulletproof Radio*）一二七集也討論過，瑪黛茶是用南美的冬青（*Ilex paraguariensis*）葉子泡成的茶。最好是一整天分次慢慢啜飲，咖啡因含量低於咖啡，高於綠茶。

   我長時間寫作時，會喝瑪黛茶。下午三點前慢慢減量，三點後停止飲用，這樣才能一夜好眠。**警語：**服用血壓藥物者，請勿飲用。瑪黛茶亦含有可可鹼，科學家在巧克力中發現此成分，可帶來陶醉感。[3]瑪黛茶富含多酚類和類黃酮，這兩種抗氧化劑可增強免疫系統。瑪黛茶還具有抗發炎的特性。[4]

2. **紅茶：**紅茶本身就是強大的益智劑，不僅含咖啡因，亦含茶胺酸。根據研究顯示，茶胺酸可強化咖啡因的正面作用，降低負面作用。稍後會更詳細探討茶胺酸的特性。[5]之前大家以為綠茶含有的茶胺酸高過於紅茶，如今已被推翻。

3. **咖啡：**全球數十億人都喜愛的飲品，可增強認知能力，有益集中精神。很多人都認為咖啡因和咖啡是一樣的東西，但咖啡其實可去除咖啡因，而咖啡以外的許多食物也含有咖啡因。二〇一一年，有研究報告顯示，飲用咖啡「可降低女性罹患憂鬱症的風險，亦可降低男性罹患致命性攝護腺癌的風險。」[6]然而，選擇咖啡仍要多加留意。

戴夫．亞斯普雷認為有些咖啡可能含有名為「黴菌毒素」的真菌毒素，據文件記載，會導致人類與動物生病及死亡。[7]其實，對咖啡敏感（除非經具體測試）可能是對黴菌敏感，所以有些人對咖啡的反應會不一樣。一九九五年，《食品與化學品毒理學》（*Food and Chemical Toxicology*）刊載的研究報告顯示，五二％的樣本都受到黴菌毒素汙染。[8]選擇咖啡豆，請查看有沒有無汙染的認證。

酮酯：大腦的全新燃油來源

正如我們所見，生酮是大腦的強大燃油來源，可大幅改善認知力與專注力。目前而言，HVMN公司的Ketone能量飲是超級燃油，在訓練、復原、表現方面都能獲得改善。然而，價格並不便宜。它是用在你需要重大優勢突破關頭之時，比如比賽、公開演說或嚴苛的截止期限。只需要九十九美元（二〇一八年三月價格），就能買到三瓶口袋大小的HVMN Ketone能量飲，每瓶含一份二五公克。

正如胡智飛所述：「我們盡全力把價格壓到比糖稍貴一點。在此說明一下情況，原本的價格是一瓶兩萬五千美元。後來，在牛津的化學地下室生產，一瓶是一百至一百五十美元。所以現在把價格往下壓到一瓶三十美元，我們覺得很酷也很興奮，希望以後會更快把價格壓得更低。」

依照美國食品藥物管理局的分類，HVMN Ketone 能量飲屬於食物，符合「一般公認安全」（Generally Recognized As Safe, GRAS）等級。在動物與人類受試者身上進行過無數次安全動能研究，經驗證有效。

副作用：根據研究報告，胃腸副作用十分罕見。[9]

來源：唯有攝取外源生酮（例如 HVMN 公司的 Ketone 能量飲），或落實生酮飲食法，才能進入生酮狀態。

酪胺酸：降低壓力、提升健康的心情、增強認知

對許多認知機能而言，酪胺酸都是很重要的非必需胺基酸。酪胺酸的益處多半是在經歷

生理上的艱苦時仍保有心理上的能力。酪胺酸亦可造成多巴胺增加，多巴胺是重要的大腦化學物質，可讓人快樂起來。

有研究發現酪胺酸有助人在高壓環境下的記憶力。為了找出背後原因，研究人員讓受試者待在寒冷環境，評估受試者的心理能力。[10]

此外，酪胺酸搭配其他益智劑化合物，經證明可幫助患有注意力不足過動症的兒童，協助他們維持更佳的注意力。[11]

副作用：多半安全。[12]

來源：

1. 下列食物含有酪胺酸：雞肉、火雞肉、魚肉、花生、杏仁、酪梨、香蕉、牛奶、起司、優格、茅屋起司（Cottage Cheese）、皇帝豆、南瓜籽、芝麻籽。
2. 各種綜合益智劑亦含有酪胺酸，稍後會探討。
3. 可向當地維生素店家購買錠劑。

茶胺酸：降低焦慮、有益放鬆且無鎮靜作用、改善注意力

數百萬人每天飲用紅茶與綠茶，無意中攝取了這種經過完善研究的益智劑。茶胺酸是一種胺基酸，用於改善大腦健康、焦慮和注意力已有數千年之久。無論是服用錠劑補充，還是喝茶攝取，茶胺酸的一大益處就是能減輕焦慮。有研究發現，茶胺酸能改善思覺失調症患者的焦慮症狀。[13]該研究還發現茶胺酸的效用雖不如贊安諾這類處方藥，卻有利休息狀態下的放鬆及冷靜。[14]

有研究發現，補充茶胺酸的三十分鐘內，可促進α腦波，有益放鬆。另一項針對罹患注意力不足過動症的兒童的研究顯示，補充茶胺酸後，睡眠品質好了許多。[15]許多綜合益智劑之所以含有茶胺酸，可日夜服用，是因為儘管茶胺酸具備有益放鬆的特性，卻也能改善注意力和專注力，而且無鎮靜作用。

經證實，茶胺酸搭配咖啡因能改善在認知負荷高的工作上的表現。[16]第一次補充茶胺酸的人多半會感到失望，畢竟茶胺酸跟其他的益智劑不一樣，它不會刺激神經系統，而是帶來沉著冷靜的專注力。通常要好幾個小時後，才會察覺到當中的好處，才會發現過去幾小時自己有多集中精神。

副作用：多半安全。[17]

來源：

1. 飲用紅茶或綠茶來攝取。
2. 服用錠劑補充，搭配咖啡或其他來源的咖啡因。很多人會發現，攝取茶胺酸和咖啡，先前的焦慮都消失了。這種自然產生的重要益智劑是人人都能取得的。

左旋肉鹼：支持粒線體抗老、增強專注力和注意力、降低身心疲勞

自然醫學師荷托向我強力推薦而我也間歇服用的營養補充品，就是左旋肉鹼，亦稱ALCAR，簡稱肉鹼。肉鹼是體內天然產生，但額外補充有利粒線體抗老，還能增強專注力和注意力，同時降低身心疲勞。

二〇〇四年有研究顯示，慢性疲勞症候群患者在補充肉鹼後，有五九％在疲勞度和專注力都獲得大幅改善。[18]肉鹼經過完善研究，耐受度高，對益智劑新手而言是很好的選擇。就像前文的咖啡搭配茶胺酸那樣，肉鹼搭配咖啡經證明在生理耐力的改善度高過於單獨攝取肉鹼，也高過於單獨攝取咖啡。[19]肉鹼很適合納入你的益智劑健身法。

副作用：多半安全。[20]

來源：

1. 錠劑。
2. 下列食物含少量肉鹼：紅肉、牛奶、豬肉、海鮮和雞肉等。

尼古丁：打造心流與創造力

聰明藥尼古丁並不是毫無爭議。尼古丁有成癮性，許多科學家也質疑每天服用少劑量尼古丁是否安全。[21]正如前文所述，尼古丁能幫助你更長時間專注從事勞心的工作，更能回想起字詞、增強短期記憶、提高注意力。然而，還是必須考量到壞處。

有研究顯示，尼古丁本身會提高大鼠和小鼠罹患癌症的機率。[22]然而，在看這類研究時，劑量也必須納入考量。一般香菸約含一五至三〇毫克的尼古丁；噴在舌下的尼古丁噴劑只有一毫克。我聯絡澳洲墨爾本的佳亞．維克曼博士（Dr. Jaya Vikraman），跟她說我經歷四年嚴重的疲勞、倦怠和記憶喪失，現在每週三至五天使用一毫克的尼古丁，用來改善我的認知。我問她：「這聽起來很怪嗎？」

她回答：「一點也會，尼古丁很有用，經證明可改善專注力和記憶力。我就曾經用尼古丁來應付醫學考試，幫我集中精神並增強記憶力。」

副作用：尼古丁就跟其他的益智劑一樣，使用一段時間後，身體可能會變得不敏感，需要更多劑量才能體驗到同樣效用，因此得暫停使用一陣子。由此可見，尼古丁只能偶爾在需要集中精神時使用，比如簡報、考試或研究。就我的例子而言，是當成治療方案，用以改善嚴重的認知衰退。現在只有在拍攝影片前、背誦腳本前、簡報前或長時間寫作前，我才會使用尼古丁。

來源：戴夫．亞斯普雷認為最佳的攝取型態是尼古丁噴劑，在藥局或網路上購買。

利用綜合益智劑提升心理清晰感、專注力、創造力

如果你想讓人生變得更輕鬆，卻不願試驗各種益智劑，建議考慮採用綜合益智劑。綜合是指組合兩種以上的營養補充品，可共同對注意力、學習力、專注力和動機帶來正面的影響。

你可以試驗各種補充品，自行試出一套組合，不過已有多家公司推出綜合產品。

這樣能免除個人實驗的猜測、試驗和錯誤。務必判定哪種做法適合自己。通常唯一能弄懂的方法就是自己試試看，然後停止服用，這樣就能評估益處和作用。這些現成的組合讓事情變得容易，但你還是需要實驗劑量，免得過度刺激身體。如果是你不熟悉的組合，請對當中含有的益智劑／維生素研究一番，看看有沒有任何負面報導強調研究報告中的缺陷。

為了進行九十天任務，我花了無數小時研究各種組合，決定只把心力放在幾種上面，而且多半都不是製藥衍生，只有尼古丁和咖啡因的組合是例外，前文已提及。

這類組合必須符合一些條件。第一，也是最重要的一點，使用者意見必須很正面；有負面評價的營養補充品，我才不要試。第二，成分必須經過完善研究且廣為人知，具有顯著的益處。第三，不得有負面的副作用，例如會過度刺激而干擾睡眠或引發焦慮。

我會避開含有過量咖啡因的營養補充品，除非搭配茶胺酸抵消副作用。此外，我還必須看到可量化的差異，要麼長時間的專注力能獲得改善，要麼能保持機警，很容易進入「忘我境界」。處於「忘我境界」是成效極高的狀態，可惜社群媒體成癮，同事或家人的干擾，經常讓人難以達到「忘我境界」。

進入「忘我境界」後，不僅是達到促成者狀態，也會完全失去時間感，徹底沉浸在工作裡，忽視周遭干擾。拖延症消失了，創造力出現。這種心理狀態非常寶貴，可提高生產力，集中精神在手邊的工作上，因此能以更短的時間達到更多的成就。

我想要使用這類組合來集中精神，同時盡量避免把有限的心理資源用在沒成效的工作上，例如瀏覽社群媒體。我決定把心力用在最大的考驗上──寫完這本書的八萬字草稿。這不僅要跟無數專家對談，還要閱讀數十本書，瀏覽數以百計的研究論文，造訪聖彼得堡、洛杉磯、舊金山、維多利亞和溫哥華。這挑戰說小還真不小啊！

要進入「忘我境界」，益智劑是唯一的方法嗎？才不是！但除了協助人們進入「忘我境界」，許多益智劑還含有其他有益的維生素和礦物質，安適感和認知能力可因此獲得改善。

益智劑與藥物重要須知

服用抗憂鬱藥會有一陣子都感覺好極了，卻無法解決可能的根本原因（例如營養不良、發炎、中毒、腸道壞菌過度生長、荷爾蒙或食物敏感症等），益智劑也是如此，也會掩蓋症狀。然而，這並不表示小病背後的根本原因解決了。我喝下酮酯能量飲那天，覺得好得不得了。我的身心都沒有跡象顯示維生素D不足，卻仍然嚴重耗盡心力。

益智劑和藥物能讓你有一陣子都感覺好極了，但症狀會在之後以不同的形式出現。若有任何症狀，務必向功能醫學醫師尋求協助，找出根本原因。就我的例子來說，可能有多項因素需要解決，才能成為身體駭客，才能升級成為可以達到目標的人。

容易服用且可增強火力和專注力的綜合益智劑

正如本章前文所述的維生素和益智劑補充品，此處列出的並不是詳盡的清單，而是我自己從中獲得顯著效益且持續服用至今的組合。我也試用過其他營養補充品，只是效用很低。我之所以略過不列，是因為我個人的經驗可能沒反映出你服用時身體會有的反應。正如為了改善活力、增強大腦機能、替自己充電，而要量身打造飲食那樣，你也必須判定哪些益智劑和綜合益智劑最適合自己。

現在就跨入綜合益智劑的世界吧！

Neurohacker Collective 的 Qualia：改善專注力、活力、心情、創造力

我對於服用 Qualia 抱持懷疑的態度，因為乍看之下，這產品好像把所有能放的都放進去了。內含四十種營養素，全都是改善專注力、活力、心情、創造力之用。不過，我瀏覽過無數評論以後，發現它吸引一大堆狂熱崇拜的粉絲，提倡它有多麼厲害。

我聯絡 Neurohacker 公司，約了丹尼爾・施馬騰伯格接受訪談。丹尼爾是 Qualia 團隊的資深成員，他是創新的哲人、系統設計師和策略家。丹尼爾不修邊幅，頂著深色亂髮，留著灰色鬍子，聰智卻可比擬世上的頂尖科學家。他埋首於產品背後的哲理，幸好我在訪談前就先服用 Qualia，才跟得上他的步調。

丹尼爾十分關切那些簡化的益智劑做法。他解釋道，研究結果和機制太多了，但對於那些構成整體的複雜交互作用，卻沒有進行統合分析。統合分析是一種統計分析法，結合多項科學研究的結果。

Neurohacker Collective 公司把所有科學研究彙整起來，用在 Qualia 的研發做法上，免得四十種營養素交互作用，產生嚴重副作用。這些營養素必須彼此協調合作，才能達到預期成果。我問丹尼爾，要是有人在努力設法找出認知與動機，藉此解決影響心理表現的問題時，

該怎麼協助對方？丹尼爾的回答如下：

我們之所以跨入益智劑領域，原因之一就是大家處理複雜疾病時，有那麼多事必須做，但就算有要做的動機和認知清晰感，其實還是十分困難，原因在於負面回饋迴路。如果執行能力可以獲得改善，那就能實際做出必要的事，獲得更深層根本的安適感，這是從消極面來看。從積極面來看，那些為了安適感已做盡一切必要事情的人，我們可以提高他們的基準線。

我喜歡他直言不諱的溝通方式，這領域的公司往往急著拚命取悅媒體，他的作風顯得與眾不同。Qualia 第一天送到時，我依照建議劑量服用，既驚又喜。他們說，有可能要五天才會看到完整結果，但我不到幾小時就察覺到效用。其實，我服用後就寫了這本書的頭兩章。其中一項好處——只是我證明不了——就是能更快回想起念頭和用語，這點在寫作時格外有用，而強烈的專注力更是讓我一次專注一件工作。過去四年，我在回想用語上出了問題，這也是我放棄演講事業的主因。

Qualia 是每天服用兩劑。第一劑是早上起床後，餐前三十分鐘服用。第二劑是隨著早餐或午餐服用。我發現自己只服用第二劑就可以擁有更冷靜的活力。第一劑含有的咖啡因相當於一杯咖啡。第一劑雖也含有茶胺酸，但還是會對我造成過度刺激，尤其是一段時間前，我就已經從飲食中排除掉大部分的咖啡因。別人服用或許不會留意到有刺激感。

不過，第二劑我就是每天服用了，週一至週五，長達數週，以期達到最佳效用。然而，大家對於益智劑和營養補充品會起的反應各不相同。你可以視情況減少劑量，找出自己的甜蜜點。

當中的成分有如健康食品店家購物清單，有：維生素B_5、B_6、B_{12}、D_3、C、鋅、鎂和銀杏（可增加專注力，有助對抗焦慮和憂鬱，緩和經前症候群症狀）[23]，這些是大家比較認得的成分。此外，還有乙醯左旋肉鹼、酪胺酸、茶胺酸、綠茶葉萃取物、槲皮素（quercetin，可降低發炎、對抗過敏、有益心臟健康、保護皮膚）等。[24]有兩種成分特別醒目，那就是Cognizin® 胞磷膽鹼（Citicoline）和猴頭菇。

胞磷膽鹼是天然產生的大腦化學物質，可用於治療阿茲海默症、失智症、頭部創傷、記憶喪失、帕金森氏症、注意力不足過動症和腦內循環相關問題。[25]猴頭菇是可食用的菇類，中藥廣泛使用，而由於 Four Sigmatic 等公司的推廣，猴頭菇在美國也愈趨熱門。

Four Sigmatic 公司把有效用的蕈菇添加至拿鐵、咖啡和茶裡頭，供應給超過六十五個國家、超過百萬名消費者。猴頭菇的益處包括抗糖尿病、抗疲勞、抗高血壓、抗老的特性，不但有保護神經的作用，還能改善焦慮、認知機能、憂鬱。[26]

在決定試用 Qualia 以前，建議查看公司網站（www.neurohacker.com）上面的所有資訊。

Neurohacker 的 Qualia Mind

Neurohacker Collective 公司的丹尼爾在訪談時，提到他們有新的綜合益智劑，我撰寫本書時尚未發售。他們寄給我一瓶沒標籤的瓶子，附上手寫說明。原本的 Qualia 綜合益智劑有兩劑，有些人可能會覺得很複雜，而 Qualia Mind 簡單多了，只有一劑。成分數量甚至從四十二種減至二十八種，因此壓低了成本。由二十八種成分組成的化合物含有神經維生素、抗氧化劑、胺基酸和適應原萃取物，有利增強專注力、提升活力、減少拖延。

我服用的頭幾天，沒發現任何變化。等到一週結束，我查看寫書的進度報告，才發現自己破了記錄，竟然完成這麼多的寫作和研究。我喜歡 Qualia Mind 甚於原本的 Qualia，Qualia Mind 不會帶給我刺激的感覺，我自然而然、不知不覺就感到更敏銳了。

那週我正埋首認真進行研究，閱讀無數研究論文，Qualia Mind 無疑幫助我辨析資訊，判定哪些資訊是相關的。我還發現 Qualia Mind 比較不會引起胃部不適，之前就觀察到 Qualia 一開始會造成胃部輕微不適，但 Qualia Mind 完全不會。

HVMN 公司的 Rise

我在 HVMN 公司舊金山總部喝下酮酯能量飲以後，胡智飛把其餘的益智劑系列擺在桌上，讓我試試，有 Kado-3、Rise、Sprint。我從 Rise 獲得的效益格外顯著。至於 Sprint，我只偶爾在需要額外衝勁時服用。Rise 跟 Qualia 的差別在於只含有三種成分，根據公司網站（https://hvmn.com/rise）所言，長期服用方可見效。以下是當中的三種成分：

1. **假馬齒莧**（***Bacopa monnieri***）：印度草藥使用假馬齒莧已有數千年歷史，經證實持續長期服用可改善記憶，[27] 還能減輕焦慮感。[28]
2. **甘油磷酸膽鹼**（**Alpha-GPC**）：在學習與記憶方面，甘油磷酸膽鹼不可或缺，更是神經傳導物質乙醯膽鹼（Acetylcholine）的前驅物。經證明能改善神經退化疾病患者的認知衰退，[29] 也能改善健康受試者的認知。[30]

3. **紅景天（*Rhodiola rosea*）**：在身體駭客圈，紅景天是很熱門的營養補充品，其具備的益智性質經證明可減輕疲勞與壓力導致的認知衰退，[31]還能減緩焦慮感。[32]

你現在應該注意到了，這些益智劑和綜合益智劑的成分幾乎都是以認知表現為主。有些效用可立即感覺到，至於需要一陣子才能在體內累積、長期見效的，也可別排除在外。基於此理由，我每天都會服用 Rise。

Prüvit™ 的 Keto//OS® MAX

我是無意間發現 Prüvit（譜偉）的。榮獲五屆年度魔術師獎的當代澳洲魔術師山姆・鮑爾斯（Sam Powers）得知我正在進行實驗，於是聯絡了我。山姆在全球十九個國家表演過，在《澳洲達人秀》（*Australia's Got Talent*）節目表演時，辣妹合唱團的潔芮哈利・維爾（Geri Halliwell）這位超級明星對他讚譽有加。

山姆不僅熱愛生酮飲食，也熱愛以 Prüvit 營養補充品來增加生酮。山姆每年有四百場表演，身心負荷很大，需要額外的幫助才行。某次，他只有兩個月的時間可以準備致死率極高的逃脫術，偶然得知了生酮和生酮狀態。當時，他超重三三磅（相當於一五公斤），心生沮喪，尋求酒精慰藉。山姆說：「為了讓自己成為表現超乎常人的機器人，我做了許多研究調查，而每項研究調查都直指生酮和生酮狀態。」

我問山姆，他是遵守嚴苛的生酮飲食法？還是服用 Prüvit 補充？還是兩者並行？山姆說：「我一開始試過了，可是很難斷絕糖和碳水化合物。後來發現外源的純生酮可以立刻提高血酮濃度並進入生酮狀態，不用遵循嚴苛的飲食法。現在我每天服用外源生酮，好讓一切達到平衡。」

我問，他表演的逃脫術當中，最危險的是哪個？表演時是處於生酮狀態嗎？

山姆回答：「我做過的逃脫術當中，死神獠牙（The Jaws of Death）肯定是最危險的。我穿著拘束衣，倒吊在一五〇呎的空中，上面有著火的金屬獠牙，細繩一燒斷，獠牙就會立刻緊閉，把我吞噬。最困難的地方是心理調適，因為到時不會有安全網，也沒有緩衝墊。處於生理巔峰固然重要，但提高心理機警度也至關緊要，也就是要處於生酮狀態才行。飲用生酮能量飲不到三十分鐘，一切都化為『高畫質』，很容易就能感覺到自己處於超人狀態，擁有完美的心理清晰感。」山姆自然而然曉得自己的生理活力會對認知力和機警度造成多大的影響。不過，從事這麼危險的脫逃術，山姆要怎麼做好心理準備？詳情請見第8章。

山姆繼續說：「生酮讓我得以控制食物，不是食物在控制我。我不用再向酒精尋求慰藉，生理狀況大幅改善，不但激發了動機，更奠定了信心。」正如我們所知，只要能控制嘴饞，就能重獲大腦的自制機能。自制機能會影響日常生活做的所有事若因嘴饞而關閉自制機能，就會造成莫大影響。

山姆安排我訪談來自澳洲的 Prüvit 公司倡導者喬・羅吉斯特（Joe Rogister，他前往佛羅里達州，參與 Prüvit 年度大會，還給了我一些 Keto//OS MAX 樣品試用。當中有兩大成分吸引我注意，分別是β－羥基丁酸（Beta-Hydroxybutyrate, BHB）和左旋牛磺酸（L-Taurine）：

1. **β－羥基丁酸**：β－羥基丁酸是外源的酮，營養補充品的消費對象若是採行生酮飲食法的人或想進入生酮狀態的人（例如山姆），通常會含有β－羥基丁酸，不用總是必須遵守嚴苛的飲食法。β－羥基丁酸符合美國食品藥物管理局公認安全等級，是新陳代謝與脂肪消化期間產生的代謝物。β－羥基丁酸是酮體，源於脂肪；葡萄糖的能量則是源於糖和碳水化合物。

在此，儲存的脂肪會分解成能量，身體／大腦會開始燃燒脂肪，而不是燃燒糖／碳水化合物的能量。就算不遵守嚴苛的生酮飲食法，也能服用外源生酮；然而，如果服用外源生酮，還攝取糖／碳水化合物，那麼糖／碳水化合物就不會燃燒掉，身體會開始把糖／碳水化合物儲存為脂肪。建議採用生酮飲食法或低醣飲食法，如果目標是減重，就更要採用這類飲食法。就算不採用這類飲食法，還是能提高心理機警度。

那麼，攝取MCT油／腦辛烷值油（如本章前文探討），攝取外源生酮，這兩者有何差別？若是從鹽巴或酮酯來攝取外源生酮（例如β-羥基丁酸），身體可以立刻運用外源生酮產生能量。MCT油／腦辛烷值油必須先分解才能用來產生能量，而且提高的血酮濃度也不如β-羥基丁酸高。

MCT油會繞過脂肪新陳代謝，直接進入肝臟，在肝臟裡轉化成β-羥基丁酸。兩者各有益處，而如前文所述，MCT油含有的其他元素更是有助整體健康。根據研究顯示，MCT油具備保護神經的益處，適用於各種神經疾病，例如失智症、帕金森氏症、中風和外傷性腦損傷等。[33]

2. **左旋牛磺酸：**左旋牛磺酸是含硫胺基酸，根據研究報告，具備無數益處，例如抗發炎、抗微生物和有益心血管等。還具備抗焦慮的特性，建議用於焦慮的臨床治療，更有助於酒精戒斷。[34]

我開始試用 Keto//OS MAX 時，並未處於生酮狀態，但仍維持低醣飲食法，三天後才感受到完整效用。那是星期六上午（我清楚記得自己留意到差別時是星期幾），我覺得自己完全機警，體力好得像是能跑一哩，身心活力也大幅提升。

遺珠之憾

前文列出我日常服用的四種綜合益智劑，但還是會輪流替換服用。還有另外兩種營養補充品堪稱為遺珠之憾，至今仍經常服用：

- **Bulletproof KetoPrime**：讓大腦與身體裡的細胞獲得能量，達到最佳表現。含有維生素 C、B_{12}、草醯乙酸（Oxaloacetate）。草醯乙酸有助去除麩胺酸過量情況，麩胺酸過量會導致腦霧，無法集中精神。[35]我需要額外活力時就會服用。
- **HVMN 的 Kado-3**：Kado 的成分有維生素 D_3、K_1、K_3，還有 Omega-3。亦含有蝦紅素油，其具備的抗氧化特性最為人所知。前述成分公認有助降低壓力及改善心情。[36]此產品可每天服用。

益智劑已成為我日常生活的一部分，可確保我在需要時有很好的表現。解決營養不良的問題並讓我的健康恢復正常，是重要的第一步；升級我的心智，則是第二步。

我的經驗

長期疲勞導致我長達四年有記憶喪失和無法集中精神的狀況，不得不啟動我的大腦。我試用各種益智劑，從而進一步增強活力，重新燃起認知機能，感到更冷靜，睡眠品質更好，減輕壓力。過去那麼多年感到自己毫無價值，終於再次覺得活出自己。

我在社交場合的行為也有所改變。我覺得更有信心了，因為我能找出用語並想起故事，在互動交流時分享，不像以前那樣沒有心理活力，無法社交、退縮不前。我還能再次開始靜觀，以前太過疲勞，這件事想都不敢想。

補充不足的營養，讓我充飽了電；增添益智劑，把我變成了促成者。之前多年都無法創意聯想，如今卻有能力做到，還能提高創造力，更快解決問題。我能寫完本書並重掌心智，益智劑是一大主因，這可不是輕率的斷定，我體驗到的差別足以改變人生。

為避免自己受到安慰劑效應影響（自我實驗時很可能發生這種情況），我在情感上自我疏離，把預期成果隔絕在外。我像在觀察別人那樣，觀察自身體驗。有些益智劑就算別人評價很高，對我卻毫無作用；有些益智劑，我最初沒發現有什麼差別，幾天後才起了效用。其實，我一開始覺得很多益智劑都沒用，快以為自己白花錢了。不過，我依照建議的時間長度，繼續試驗下去，把結果記錄下來。有時，幾天後就有了效用，叫我既驚又喜。

為求改善專注力、提高動力、減少拖延、增強記憶力、增加信心，而去升級心智時，就能充分釋放好一段時間無法發揮的潛能。在某些人眼裡，那是重新開機；在某些人眼裡，那是一種持續改善的過程，為的是激起全新的連結，有利解決真實世界的問題。要想消弭身分差距以及現有活力和達到目標所需活力之間的差距，那麼為自己「加油」，邁向成功之路，正是根基所在。

現在該把目光從生化活力轉向心理活力，利用最新近的穿戴式裝置來訓練大腦，用以減輕壓力、增強專注力、改善體能和消除恐懼與恐懼症，進而成為身體駭客。

我們一起探究吧！

Part 3

不讓恐懼成為主宰人生的元凶

第7章

破除舊有的腦神經路徑——穿戴式裝置是好幫手

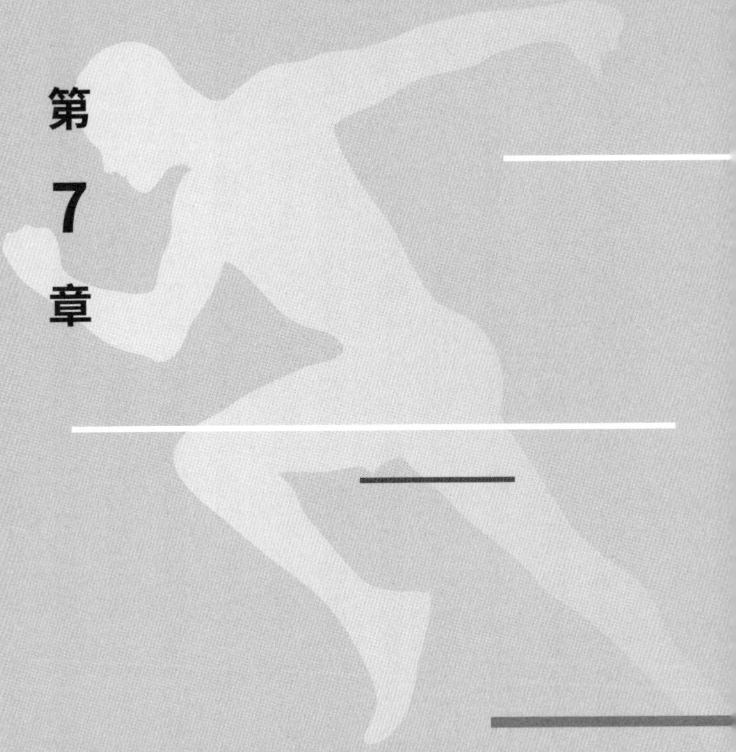

「艾瑪颶風正向我們直撲而來！」

我站在原地，嚇得不敢動彈，電視新聞傳來最新消息，史上強度數一數二的大西洋颶風會直接通過坦帕和聖彼得堡。這一週以來，我們緊張得要命，眼見超市貨架的水都被搶購一空，佛羅里達州居民全都陷入恐慌，超過六百萬人遭下令撤離，我們住處步行可及的低窪地區也撤離了。[1]佛羅里達州南半部的居民全都撤離到北半部，還以為安全了，結果卻跟我們其他人處於同一條火線上，緊急物資也愈趨短缺。

二〇一二年十月，我在紐約親身體驗過珊迪颶風的威力，可不想冒任何險。我想起一些畫面，紐約地鐵淹水，隔天乘客從不穩的計程車裡下車，半座曼哈頓島停電，陷入黑暗。這些想法只讓我更焦慮不安。珊迪颶風的移動速度快，造成的破壞之大，紐約至今仍在恢復中。

然而，艾瑪颶風倒是慢慢來。上一刻我們還想著：「我們會沒事。」下一刻卻想著：「慘了！我們現在應該要撤離了！」這種緩慢的折磨實在令人耗盡心神。

對澳洲人而言，經歷兩場颶風可說是奇怪經驗，澳洲人從小到大從來沒見識過這類威脅，我以前還覺得美國人就愛大驚小怪。這次可不是這樣了！現在我明白了。

苦惱的我們密切注意了一週，眼見艾瑪颶風變成強大又致命的五級颶風，穿越加勒比海，大肆破壞。儘管我們住在安全區，住在（理應）防颶風的建物裡，但有些鄰居已經撤離。

儘管我們做好萬全預防措施，但我還是只能勉強保持冷靜。我在自家廚房踱來踱去，一邊看著地圖顯現出艾瑪颶風即將橫掃我們這區。**我們要離開才行**。我心裡這麼想，但這時已太遲了。我連忙打電話給澳洲的一些朋友，好打斷腦海裡不斷重複出現的想法。

九月十一日，艾瑪颶風轉移路線，還不曉得狀況會有多糟，但最新消息說我們這裡處於「安全」側，假如真有所謂的安全側！如果氣象預報準確，那麼颶風還是會從我們不遠處橫掃過去，我們還是會在颶風眼裡。然而，不管颶風會帶來何種後果，結果就是恐懼在我的體內滋長。

真實的危險 vs 感知的恐懼

感知的恐懼和真實的危險，兩者確實有所差別。可惜感知的恐懼會塑造我們的行為，其影響之大，是我們不願承認、不願瞭解的。真實的危險非常罕見，但人一感知到威脅，開關就會啟動，開啟大腦的「戰或逃」部位。也就是說，交感神經系統從心智的邏輯和理性部位——亦即副交感神經系統——拿到了控制權。

「戰或逃」反應起作用後，邏輯／理性心智可減緩心跳率、降低血壓。朝目標努力時，副交感神經系統是最佳的心智狀態。在冷靜的狀態下，就能做出理性決定，評估未來結果，不會像恐懼狀態做出會後悔的草率決定。待在冷靜狀態的時間愈長，人生就變得愈是簡單，愈能快速集中精神，愈不會拖延。我們能詳細討論問題，不會流於過度情緒化。

感知到的威脅會造成壓力，幾秒內就會從促成者或協調者（邏輯／理性心智）變成守護者或防禦者（戰／逃／求生模式），無論身體和大腦原本有多活力滿滿，也不例外。焦慮和壓力會控制最健康的人的心理狀態，讓他們陷入恐慌。一有這種情況，不到幾秒就會從有自覺的創造狀態變成潛意識行為，結果要麼救了自己的命，要麼礙了自己的成就。

如果威脅只是感知到的，而且是由特定刺激因子（經濟、工作、人際關係、業務壓力或運動）反覆觸發，那麼最終會嚴重破壞情緒狀態與腎上腺。每次經歷「戰或逃」時，就會收到一劑腎上腺素，讓人病了，消化系統關閉，精神只集中在眼前的威脅上。如果一直卡在「開啟」位置，就會導致慢性壓力、嚴重倦怠，甚至是腎上腺疲勞。

今日，大家時常處於高壓下，交感神經系統卡在開啟狀態超過應有時間，每天不必要地分泌腎上腺素好幾次，身體因此短暫停機，以便從生理效應和心理效應中復原過來。

根據美國心理學會（American Psychological Association）委託進行的年度壓力問卷調查，

七七%的美國人常體驗到壓力引發的生理症狀，四八%表示壓力會對職場生活和私人生活造成負面影響。[2] 如果任由刺激因子反覆觸發「戰或逃」和壓力反應，最後就會形成穩固的腦神經路徑通往前述反應。負面回饋迴路從而產生，變得更難破除，畢竟一段時間後就會成為習慣，就算在某些情況下移除刺激因子，也難以挽回。

想像自己開車走從未開過的別條路去上班，需要GPS導航。有一些未知因素存在，需要更多心理資源才找得到路。於是，你往往會回到經檢驗的可靠舊路線，畢竟那不需要這麼多心理歷程和活力。舊有路線是奠基於「戰或逃」反應，就算對成就有害，但對大腦而言卻是比較輕鬆的選擇，尤其是資源短少、陷入決策疲勞時。好比晚餐不知道該吃什麼就選了披薩，明知它對身體不好，可是，唉呀，這樣就很簡單啊！而且又那麼好吃。唯一的問題在於往往之後就後悔了。

有些人就算經歷多年治療，明知自己的恐懼不是真的，卻還是起負面反應，舊有的腦神經路徑還沒形成全新反應系統。有些治療甚至會更進一步強化患者迫切避開的恐懼反應，光是討論恐懼，就足以引發「戰或逃」反應。治療師必須破除舊有的腦神經路徑，建構全新又有益的腦神經路徑。要達到這個目標，就必須運用神經語言程式學（Neuro-Linguistic Programming, NLP）或一套綜合策略，後續頁面會探討。

培養全新行為、破除舊有模式

要培養新的習慣，就得為即將建造的全新腦神經高速公路奠定根基，確保高速公路有良好的建造和維護。現在的模樣和為了達到目標而得成為的模樣兩者間的差距會在新高速公路建好後就此消弭。你開新路的次數愈頻繁，新路開起來就愈容易，最後就不知不覺朝成功前進。一旦新路線深植於記憶和經驗，就不用施加意志力強迫改變發生，改變容易起來了。

如果嘗試運用意志力強迫自己做出改變，就會建立負面神經路徑，而要處理與目標有關的未知因素，大腦需要用掉太多能量，最後就會把目標視為威脅。目標位於舒適圈以外，從而觸發「戰或逃」反應，結果就「反彈」回到舊有的自我。

我們的意識心（conscious mind）會把困難合理化，用「太難」二字來框限目標，潛意識心（subconscious mind）會大喊：「那會害死你的！危險！危險！」於是我們就會編出一個藉口，跟真正的根本原因毫無關係。

正如圖表7.1所示，「最常行經」的反應無論會對現實世界的成果造成正面或負面影響，最終都會成為預設的反應。該行為是在心智處於「戰或逃」模式下引發的，因此會化為潛意識，在檯面下阻撓你邁向成功。

為求改變行為並達到目標，就必須做出有意識的選擇。我們應該在邏輯／理性心態下做出選擇。我們反覆行經該條道路後，那條路就會成為「正面潛意識行為」，自然而然引領我們邁向成功。

第一次開新的高速公路會覺得很不自在。未知的事物需要大量心理活力才能處理。回到舊有模式會對達到目標的能力造成負面影響，但對大腦而言，卻比學習新把戲還容易。此外，陷入決策疲勞，大腦進入自保模式，就更容易重複負面行為。

我們的目標就是不去開啟「戰或逃」模式，而是運用有策略又長久的

圖表 7.1　破除負面行為模式之路線圖

有用做法，拆掉舊高速公路建新的。在九十天駭客任務中，我用最新近的穿戴式裝置改造心智，邁向成功之路。在多年的倦怠、憂鬱、焦慮之下，我已處於自保模式，要關閉得耗費一番心力，就算是這麼努力，自保模式也只會關閉一會兒又再度開啟。我的身分退化了，不相信自己能達到目標。我做的決定是出於恐懼，多年來拖慢了我的進度，令我苦惱不已。

人生中的創傷事件在遺忘數十年後，還是會影響自身的行為，現在就來看看吧！雖然有些事件在他人看來並不是創傷事件，但觀點本來就是因人而異，某個人對某種情況會有的反應都應該予以尊重。恐懼不一定是理性的，除非面對的是五級颶風。

1. 經歷創傷事件，就會觸發「戰或逃」反應，新的腦神經路徑就此而生，對該事件賦予意義，例如恐懼、悲傷、焦慮、悲痛或憤怒。體內會充滿腎上腺素和皮質醇，在這種原始狀態下，情緒會被放大，更可能自覺及不自覺地進入長期記憶。這種反應是為了保護你的安全，並讓你處於高度警戒狀態，以因應未來的生死關頭，就算真實的／感知的危險已經過去了，也還是如此。

2. 將來要是發生類似事件，而你經由視覺、聽覺、嗅覺、味覺或觸覺，想起先前的經驗，此時大腦會預設回到舊有的腦神經路徑，並根據先前的經驗做出反應。過去事件是未來事件的參照點。因為你之前就已經反覆行經這條高速公路，所以大腦很容易就會預設回到這條高速公路。基本上，你是基於習慣對舊事件做出反應，並不是基於恐懼對目前事件做出反應。

這種生理上的改造會影響人中各層面的行為表現，就算拚命說服自己事情不是這樣，也仍舊會受影響。好比反覆播放同一張專輯，變得舒服自在起來，我們心目中的自己獲得強化，但那跟我們為達目標而需成為的模樣是有所扞格的。

由此可見，自我的內在戰役會爭戰不休，等我們為自己的人生選出新的原聲帶，戰爭才會止息。只要繞過舊有的腦神經路徑，建構全新的路徑，就能快速去除恐懼和恐懼症。改變因此變得容易了，把我們從自己施加的限制中釋放出來，就得以變成自知可成為的模樣。

往往唯有回頭去看，才會意識到自身行為如何受到這項改變影響。在「戰或逃」的心理狀態下，是透過情緒化又充滿恐懼的鏡頭去看待一切。情緒被放大了，有時還無法掌控。在這種狀態下，別人可能會叫你「冷靜下來，深呼吸」，但這樣的提醒可能徒勞無功，畢竟你的邏輯心智已失去主控權。有時你能說服自己走出來，有時會有愉快的干擾能阻斷該模式。

然而，有時你的模式必須不停運作，直到腎上腺素釋出。愈是常讓壓力啟動「戰或逃」

反應，就愈難把跨出舒適圈會有的恐懼予以合理化。如果你的目標會讓你覺得太不自在，因而引發「戰或逃」反應，那麼大腦可能會把那目標視為真正的生死關頭。如果發生這種情況，就永遠會在現在的模樣以及想成為的模樣之間拉扯不定。你的身分差距會更難弭平，你會覺得失去平衡。

你的原始腦需要保護你的安全，你的心靈面需要你散發光芒，這兩種需求總是爭戰不休。我從來沒見過有人的人生中不曾面臨這種掙扎。沒什麼事會比對抗自己的原始本能還痛苦。正如我們所知，營養不良、發炎、藥物等問題都會放大，甚至觸發「戰或逃」反應。先解決這類問題類就不會那麼長時間都待在「戰或逃」模式裡，因此心理面的掌控就變得容易許多。若反覆經歷「戰或逃」模式，就會出現各種有礙成功的異常行為，在此列舉如下：

- **逃避行為：**把需要做的事情（包括工作過度）往後延，這樣就不用處理某種特定的情況。花無數小時瀏覽社群媒體或看電視。
- **心情改變：**變得生氣或情緒化，卻沒意識到原因，反常地把脾氣發在別人身上。
- **焦慮感上升：**例如心跳加快、坐立不安、踱來踱去、遠離他人、無法集中精神等，讓人無法注意真正重要的事。

- **轉變身分**：你切換到守護者和防禦者的模式，有可能會開始認為自己就是達不到目標的人，永遠拿不到想要的東西。這情況帶來的害處最大，但幸好經由營養補充和大腦訓練，有方法可以往前邁進。

當時艾瑪颶風帶來實際的威脅，雖然最終並未經過我們這區，但還是在後續幾週影響我們的心理，原因就在於颶風來以前，我們的體內就長時間充滿腎上腺素。日常壓力因子造成的影響也十分類似，只是威脅往往是感知到的，而非實質的，有可能是對於成敗和批評感到恐懼，覺得難以負荷。威脅跟營養不良一樣，也會引發實際的生理反應，例如：

- 心跳率加快
- 高血壓
- 腎上腺素釋出
- 思緒紛亂
- 慢性壓力
- 憂鬱

- 焦慮
- 疲勞

改造心智、掌握人生

我剛開始進行九十天任務時，覺得自己是從零開始。我那有動力的舊有自我表象，早就消失不見了。我不得不提醒自己，以前的我是何種模樣，有何種能力，然後再想像自己將來能成為何種模樣。我跟別人一樣，先著眼於心理，再著眼於營養，這等於把解決問題的順序弄反了。唯有營養不良的問題解決了，身體開始恢復正常，我才能多數時間都處於邏輯／理性心智。我的認知機能緩慢恢復，終於能仔細思考問題，從而開始著手處理心理層面。

然而，現在要更往上一個層次，我要試用最新近的腦神經穿戴式裝置，美國國防部、奧運金牌選手、創傷後壓力症候群患者、頂尖表現者都使用過。穿戴式裝置必須符合特定的標準，例如能讓更多人負擔得起，功能實用，費用要低於最新款的智慧型手機。

我不僅希望穿戴式裝置能消除我對成敗的恐懼，也期望它能做到下列幾點：

- 提供不用藥的解決辦法
- 打造全新的腦神經高速公路
- 幾分鐘內就能減輕壓力
- 馴服「戰或逃」反應
- 突破生理限制
- 加快改變速度並讓改變長存
- 替心理和情緒重新充電
- 改善持續力和專注力
- 帶來自然而然的正面行為改變
- 提供的資料要能讓我深入瞭解自己的心智／身體
- 讓我落實改變時，不那麼需要運用意志力
- 帶來的生理變化可影響情緒狀態
- 改造我先前無法改造的負面模式

最重要的是，穿戴式裝置必須幫助我訓練自己的大腦，能在多件工作之間更有效率地切

換，幫助我更快速進入難以達到的「忘我境界」，這樣就能以更短的時間達到更多成就，就算被打斷也能迅速恢復。

加州大學爾灣分校（University of California, Irvine）有項研究顯示，受到干擾就會嚴重危及你的工作產出，中斷你的心流，提高壓力與挫折感，增加時間壓力，需要更多心力才能完成手邊工作。這些大家都知道，但你知道嗎？被打斷以後，平均需要二十三分鐘十五秒才能重新集中精神工作。[3] 該項研究結果還顯示，被打斷的話，不僅工作節奏會變，心理狀態也會改變，從而進一步耗盡心理資源。

升級身心靈的穿戴式裝置

我在九十天任務開始前，花了幾個月研究穿戴式裝置，判定哪些跟宣稱的作用一樣，哪些毫無作用。結果非常好，下列所有裝置都能建立新的神經路徑，引向偏好的行為，從而讓「戰或逃」反應平靜下來。有些裝置還具備另一項好處——「阻斷常模」（Pattern Interrupt）功能。

阻斷常模功能源於神經語言程式學，在某行為出現時會即時播放，藉此中斷該行為。迄今，用此法阻攔負面行為回應，有極高的效用，因為大腦沒預料到會發生這情況。阻斷常模功能會讓你立即切換回邏輯／理性心智，還能促成大腦邏輯／理性部位才會出現的認知。如果是在大腦未預期下發生阻斷常模的情況，效用就更高了。知道這點以後，來看看我試驗過的四種穿戴式裝置：

1. TouchPoints™
2. Muse™
3. Spire Stone
4. Halo Sport

TouchPoints：終極的阻斷常模裝置

血從他臉上流下來！聖彼得堡的聖派翠克節*，我們的好友瑞克（Rick）探視完工作的妻子，回家路上偶然碰到某對情侶在吵架。他先是聽見對街傳來尖叫大喊聲，然後就看見男人抓住女人的外套，要拖走身材嬌小許多的女人。瑞克看見別人陷入危難，不會視而不見。他抓住那男人的手腕，介入兩人之間，試著要男人冷靜下來，對方爛醉如泥。瑞克是個身高一八〇、性格溫和的大個子，體格健壯，曾擔任保全。瑞克說：「聽好了，你要冷靜下來，警察快來了，你太醉了。」

不過，瑞克跟那男人講話時，有另外兩個男人試圖攻擊那男人。他們扭打成一團，全都往後跌，瑞克的腦袋撞到金屬管。護理人員送他回家清理。

我一看見瑞克就心疼，髮際線那裡有傷口，血流了下來。他一邊描述剛才的情況，一邊踱來踱去，激動不已。他的腎上腺素還是很高。不到幾分鐘，我們的護理師朋友艾施莉（Ashley）勸我們，說他一定要去急診室才行。他的右臉開始腫起來。隔壁鄰居去開車，叫我們在樓下等。等待時，我把 TouchPoints 戴在瑞克手腕上。

TouchPoints 是兩個手錶型的穿戴式裝置，要分別戴在左右手腕。採用「左右交替觸覺刺激」（Bilateral Alternating Stimulation Tactile, BLAST）技術，可產生溫和細微的觸覺振動，干擾人體壓力反應。這裝置是由腦神經心理學家艾咪・瑟仁博士（Dr. Amy Serin）發明，執行長暨共同創辦人薇琪・梅約（Vicki Mayo）上市，分三步驟說明：

1. 有事件或念頭引發我們產生壓力和「戰或逃」反應。我們的身體裡體驗到一些感覺，例如心跳加快、胸悶、頸部緊繃和忐忑不安。
2. TouchPoints 的交替刺激功能開啟，讓你回到大腦的邏輯理性部位。感覺就像左右手腕上有手機交替溫和振動。
3. 如果我們想著某件壓力很大的事，沒體驗到生理上的感覺，而且是處於大腦的理性部位，那麼就會有新的神經路徑建立，抵消負面回應。高壓事件或念頭可能被抵消，或甚至變成正面的，因為你是經由理性心智的鏡頭去觀看，而非刺激「戰或逃」的原始心智。

大腦會因此受到長久的影響，久而久之可降低壓力，所以 TouchPoints 才會從少數能成功治療創傷後壓力症候群的療程衍生而出。經使用者數據證實，TouchPoints 可在三十秒內減輕壓力達七四%。[4]

我聯絡薇琪，問她是怎麼想出這個概念。

---

* Saint Patrick's Day：每年三月十七日，為紀念愛爾蘭主保聖人聖派翠克（St. Patrick）的節日。

薇琪說：「大約三年前，我當時女兒四歲的女兒做了可怕惡夢。我把這件事告訴好友艾咪．瑟仁，她有小孩，也是腦神經心理學家。女兒晚上做惡夢，我就把 TouchPoints 的原型產品放在她雙手上。她立刻回頭睡覺，隔天醒來很開心。我說，這太棒了吧，要讓這個科技產品上市，讓大家都買得到，該怎麼做？」我從薇琪的故事獲得靈感，就把產品戴在瑞克的手腕上。

我們把瑞克送到只有幾分鐘路程的急診室，此時他的樣子完全變了。他掛號接受治療，整個人放鬆下來，愉快些了。他不再氣得咬緊牙關，也不再煩躁得抖腳。他原先注意力渙散，幾分鐘後變得柔和起來，放鬆到可以跟候診室裡的人開玩笑。吵過架的人都能作證，吵架後要冷靜下來要花很長的時間，可能要花好幾個小時才行。不過，瑞克沒幾分鐘就平靜了。在我做過的穿戴式裝置實驗中，這結果甚至還不是最令人驚訝的。

消除四十年的恐懼症只要四十分鐘

一週前，我坐下來跟瑞克和翠西夫婦談話。翠西有海洋恐懼症，就是害怕處於或接近大型水體。她十六歲時，在佛羅里達州的岸邊從遊艇上掉進海裡。她的恐懼症非常嚴重，連水肺潛水員的相片都沒辦法看，也沒辦法在海邊散步，非得瑞克握著她的手才行。恐懼症影響她的人生超過四十年。

我請她坐下來，說明 TouchPoints 怎麼運作。接下來四十分鐘，我給她看了一些深海的圖片，請她用〇分到一〇分替自己的恐懼程度打分數，與此同時，TouchPoints 在她手腕上振動。

頭幾張圖片最困難，她顯然非常不安，不得不反覆別過臉。可是，不到幾分鐘，她的恐懼程度就從一〇分降到七分。然後，回到一〇分，又降到五分。我們給她看各種圖片，分數忽高忽低。接著，她看到從前會讓她陷入恐慌的圖片——《大白鯊》（*Jaws*）電影海報。她拿起平版電腦，仔細觀看，明確說出女孩泳裝的細節。她觸碰螢幕，詫異地笑了出來。

當天稍晚，我收到翠西傳來的訊息，除了有張深海圖片，還寫了這句話：「我做到了！」

準備好徹底擺脫恐懼

翠西準備正面對抗內心的恐懼，她要去參觀坦帕灣（Tampa Bay）的裝卸碼頭。於是某個晴朗的週日早晨，我們開車去碼頭。我十分謹慎，要她戴上 TouchPoints，儘管她不想，我還是堅持。我們走向碼頭，她看見遠處的船隻，緊張起來。我開啟 TouchPoints，讓她冷靜下來，然後我們再繼續往前走。我們正想著該怎麼近一點看，該怎麼繞過安全圍籬，此時她直接走向警衛，問他要怎麼樣才能近一點看船。他建議我們去幾公尺外的碼頭，爬上樓梯，那裡就能清楚看見船隻。

在平台上，可以看見船隻尾部，翠西不由得緊張起來。她往後退了幾步，腿軟了，不確定自己能不能撐過去。我請她回想瑞克做過最好笑事，可是她想不起來，她深陷於求生模式。我請她轉身面對另一個方向，閉上眼睛。她笑了出來，開始哼起瑞克逗她笑時會唱的歌。（我們想用多種方式中斷她的模式，不只是使用 TouchPoints。）她冷靜下來，往前走了幾步。我們反覆進行這過程至少四次，她終於走到了平台邊，仔細端詳。

她簡直不敢相信，自己竟能近看一艘龐大的豪華郵輪。我們站在那裡幾分鐘，然後她的注意力轉移到船頭上。她看見巨大螺旋槳突出水面，以前這東西往往讓她陷入恐慌，如今她卻想接近。我們走下樓梯，小心翼翼走過去。她明白自己的恐懼症是不理性的，於是在信心和略微的遲疑之下，她走到船體那裡，傾身，摸了一下！她跳了起來，既興奮又不敢置信。她之前拒絕在這個裝運港工作，害她損失一筆收入。

一天後，翠西傳訊息給我：「順道一提，我看了鯊魚攻擊事件的記錄片。前幾分鐘出現習慣性反應，但接著很快就過去了。瑞克和我都很驚訝。」

這只不過是恐懼主宰人生的一個例子。翠西原本會接受好幾年的治療，設法讓自己對海洋不那麼敏感，最後可能會把恐懼合理化，擺脫不了恐懼。恐懼不是理性的回應。TouchPoints 阻斷了會讓她起反應的神經路徑，徹底讓那條路徑變得毫無效用。我在個人成長領域做了十五年，可以很有信心地說，我從來沒看過行為的改變發生得這麼快。

副作用與結果

許多人試了好多年，想克服自身擔憂批評、成敗或經濟而生的恐懼，卻是白費功夫。我們都很清楚，那些恐懼雖然都不理性，卻都能淹沒正面想法，致使我們表現出的行為與我們想達到的成果相左。

我問薇琪，有沒有什麼副作用。她說：「有一個很大的副作用。一段時間過後，你會變得更冷靜。我們在你大腦裡建立新的神經路徑，一段時間過後，你就學會不去用相同方式處理情況。光是使用 TouchPoints，就能自然而然改變行為。」

從我每天親自使用 TouchPoints 的經驗中，我觀察到自己可以長時間安穩坐著，不會心煩意亂，這在我寫作時特別有用。進度不夠或卡住時，心煩意亂起來，就會開啟裝置。我對眼前工作的感覺起了變化，壓力值大幅降低，也重新找回專注力。阻斷常模功能帶來的成效超乎我預期。此外，在我跟薇琪談以前，還發現行為的改變是自然而然發生的。我察覺自己用比以前還冷靜的態度，坦率說出想法，應對某些情況。而在美國沒信用紀錄的我要在紐約找新公寓時，這種轉變特別有用。

我也使用該裝置搭配每日的心理排練，讓自己做好迎接一天的準備。我使用可即時記錄腦波活動的 Muse 靜觀裝置進行追蹤，結果發現某些情況下，我比以前冷靜了二〇％。面臨經濟相關壓力時、碰到我和另一半通常會爭吵的話題時、從事往往讓我壓力很大的活動時，我就會使用裝置重新調整自己。

有個自然而然發生的行為變化格外深刻——我跟別人交流互動時覺得更有信心了。原本害怕別人對我會有什麼看法，突然間，內心恐懼頓時消失無蹤，我可以自由自在做自己。我已經好幾年沒有過這種感覺，使用這裝置就不用有意地去努力。

雖然 TouchPoints 已用於緩和注意力不足過動症、自閉症、帕金森氏症、妥瑞症和創傷後壓力症候群，但是薇琪並未聲稱該產品能治療前述症狀。她如此澄清：「對於自己的身體，對於注意力不足過動症、自閉症、帕金森氏症，只要好好細想一番，就肯定知道這些全都是症狀。在這些症狀的中心，就是壓力症狀。我們都很清楚，壓力會導致前述症狀惡化，無論是創傷後壓力症候群、對高處的恐懼，還是日常生活會碰到的任何事物，壓力都會讓情況惡化。壓力反應的運作方式是由『戰或逃』機制引發的。關閉了『戰或逃』機制，自然就會大幅放鬆。」

該裝置可用於改造任何事物，尤其是要跨出舒適圈時，那時「戰或逃」機制會啟動，致使你放棄夢想。另外還有一大益處——裝置幾秒鐘就會開啟。你不用在刺激因子都過去了以後，才等著見治療師，那時就太遲了。只要一察覺壓力來了，就能阻斷壓力，避免壓力掌控住自己。該裝置日後的版本會裝上感測器，不用使用者介入就能自動開啟。該產品已能阻斷當下發生的負面模式，加裝感測器以後會更有成效。

Muse：用來靜觀，可減輕壓力、改善心情

大家都聽過靜觀能帶來的無數好處。說到要坐下來平靜內心，在許多人眼裡，問題就在於分不清自己做的到底對不對。幸好這很快就能克服。首先，必須瞭解靜觀的好處有多深刻，

還有對人生成就與塑造身分的能力方面，靜觀的影響有多大。靜觀的好處如下：

- 提高免疫力[5]
- 減少細胞層級的發炎[6]
- 增加正面情緒[7]
- 減少憂鬱[8]
- 減少焦慮[9]
- 減少壓力[10]
- 改善情緒調節能力[11]

前述好處全都有利塑造我們對這世界的看法與回應方式、我們以何種方式呈現自己、對自己有何感覺。最重要的一點，靜觀產生的反應經證明恰好跟「戰或逃」反應期間發生的反應相反。

在《公共科學圖書館：綜合》（*PLOS One*）這份公開取用期刊發表的研究報告中，貝斯以色列女執事醫療中心（Beth Israel Deaconess Medical Center）與麻省總醫院班森－亨利身心醫學研究院（Benson-Henry Institute for Mind Body Medicine at Massachusetts General Hospital）的研究人員發現，一天數次練習放鬆反應，每次十至二十分鐘，有改善之功效。[12]

Muse 去除了靜觀裡的臆測。Muse 是腦部感測頭帶，可引導你靜觀，還能根據你的狀態，即時提供聲音提示。你可選擇背景要播放的音景，例如海洋或雨林的聲音。頭帶的七個感測器，貼附於耳後與額頭中央，可偵測大腦活動。你達到深層的平靜感時，就會聽到鳥叫聲；心智過度活躍，鳥叫聲就會停下來，音景再度變得大聲又混亂，提示你平靜下來。應用程式已「遊戲化」，你可獲得冷靜分數與獎項。還會收到分數，那是按冷靜程度打的分數，最低〇分，最高一〇〇分，這樣每次都會努力做得更好。

這種靜觀法非常容易。遊戲化讓人有了實在的使命感，而且又有引導，簡單易做。內容結構條理分明，是許多人自行嘗試靜觀時所缺乏的。我最初拿到的「冷靜分數」不到五〇分，每天使用裝置練習靜觀，幾週後就開始獲得大幅改善，拿到九〇分左右。此外，從我的結果來看，就算我晚上需要靜觀，好在忙碌的一天過後放鬆下來，但我上午靜觀練習的成效比晚間高了許多。

我攝取一毫克的尼古丁、配戴 TouchPoints 和 Muse，從而達到更好的結果。我有如往前跨出一大步，更有可能成為我打算成為的模樣並完成繁多目標。

通常會建議你在靜觀時任由念頭流動，讓腦海裡的念頭一個接一個出現，我剛開始是這麼做的。然而，一陣子過後，我選擇回想大披披島（Koh Phi Phi Don）的絕美沙灘。大披披島是泰國的島嶼，我幾年前去那裡度假。

大披披島在小披披島（Koh Phi Phi Leh）對面，美麗的小披披島是電影《海灘》（*The Beach*）的拍攝地點，李奧納多．狄卡皮歐（Leonardo DiCaprio）是片中主角。我想像自己坐在沙灘上，眺望晶瑩剔透的藍綠色海洋，聆聽海浪拍打著海岸。幾天後，我開始很想花更長的時間靜觀。靜觀期間，我達到高度平靜，感覺好像在度假。需要快速重新充電時，我就會戴上 Muse，回到島上，回到十多年前遊歷當地體驗到的平靜感。

使用 Muse 有個意想不到的成果，白天時，我腦海裡會突然浮現愉快的回憶，有許多都讓我不由得微笑起來。我認為這就是大腦在自行改造，建立更多正面的神經路徑。該裝置很適合用來訓練我的大腦一次專注處理一件工作，不會在網路瀏覽器或社群媒體網站之間切來換去。

三十天過後，我體驗到多年來未曾感受到的平靜感，彷彿我終於又可以呼吸了。務必要先確認自己有沒有營養不良、發炎或服用會導致憂鬱和焦慮的藥物，身心有不足之處，Muse 的成效就沒那麼高。我自己是修正這類問題後才獲得實質的結果。

Spire Stone：藉由呼吸來中斷壓力反應

在火車站那天，我的「戰或逃」反應高達十倍，那男人大發怒火，指責那矮小傢伙害死他妹妹，那一刻有如一記警鐘。我覺得快要發生凶殺案了，看了不到幾分鐘，我夾在皮帶上的 Spire Stone 穿戴式裝置振動起來，立刻把我拋回了邏輯／理性心智。

Spire Stone 是以呼吸模式為基礎，追蹤跨步、呼吸和睡眠時的緊繃程度，經由軀幹的擴張和收縮進行測量。裝置一振動，就是提醒配戴者要深呼吸。呼吸率深受壓力影響，但我們經常忘記這點。壓力一大，呼吸就會變淺而急促。中斷該模式的話，就能回到邏輯／理性心智，平靜下來。

Spire Stone 經證實可有效阻斷常模。我跟另一半意見不合時，Spire Stone 偶爾會振動，這時我們就會突然笑出來。這裝置唯一的問題就是沒辦法一直連結或記錄數據。照理來說，應該要追蹤一整天有多少分鐘處於平靜、集中精神、緊繃、活躍、久坐、睡眠狀態。Spire Stone 跟 Muse 都同樣具備真正的遊戲化元素，讓我有參與感，投入其中。

我試用過 Spire Stone 後，他們發表了新裝置 Spire Health Tag，可別在衣物上，甚至還能放進洗衣機洗，所以更容易使用。雖然 Spire Stone 的數據沒有非常準確，但我還是會推薦它當成入門級穿戴式裝置，畢竟它能真正阻斷常模，對行為產生有利影響，還能關閉「戰或逃」反應，減輕壓力。

Halo Sport：讓你擺脫健身中心的限制

我覺得整個頭頂都有強烈的麻刺感。我剛戴上 Halo Sport 這個看似昂貴的頭戴式耳機，頭帶底下是釘狀海綿軟墊，貼住的頭皮下方是大腦運動皮質部位。Halo Sport 以十五年的科學研究為基礎，在動作訓練期間提供電流刺激，能在大腦與肌肉之間建立更穩健、更完美的連結。Halo Sport 功能就是讓大腦處於超塑型的狀態，讓大腦更能適應訓練。我聯絡該公司，安排為期四週的裝置試用。

試用期間，我接受友人狄恩・海恩斯（Dean Haynes）設計的高強度 CrossFit 健身法，他是來自澳洲阿得雷德的綜合體能訓練者（CrossFitter）。在過去四年，我多次完成四週健身法，我的數據也都記錄在 Excel 試算表裡。我知道自己的平均數據，想要有所改善，還想增加健身強度、縮短健身期。我比較了過去舉起的重量以及如今使用 Halo Sport 時可舉起的重量。

該次的實驗有兩大核心目標：一，增加健身強度；二，破除舊有神經路徑與以下的信念：「在不傷到自己的前提下，舉起的重量就有限。」這是一種「戰或逃」反應，會阻撓我在健身中心達到優異表現。要擁有勢不可擋的感覺，就必須以各種方式挑戰身體與大腦。

不同的體能鍛鍊會帶來特定的心理益處，例如應付嘴饞的感覺、減少壓力、改善記憶，這些都是消弭身分差距的必備要件。《自我精進科學指南》（*The Scientific Guide to an Even Better You*）有文章刊載出以下的發現：

- **舉重**：有助大腦的前額葉皮質、複雜思考、推理、一心多用、解決問題。
- **瑜伽**：有助額葉，幫助整合念頭和情緒。
- **高強度間歇訓練**：著重於下視丘與食慾調節、嘴饞和癮頭。

奧運獎牌得主、MLB、NBA、NFL、CrossFitter、耐力型運動員全都對 Halo Sport 讚譽有加，美國特戰部隊甚至使用 Halo Sport 進行訓練。

我第一次使用 Halo Sport 健身時，發生了一件事，讓我很吃驚。我的第一個練習是下蹲翻（Squat Clean），這動作相當複雜，要使用多種肌肉，動作要完美，免得受傷。我舉起九三六磅，相當於四二四公斤，比先前舉起的重量還要重。我的健身法經常輪替，所以已經三個多月沒做這動作了。

還有件事很有意思，我大量流汗。我通常流汗不多，私人教練向來會逼我更努力一點。我以為流汗可能是安慰劑效應在充分發揮作用。不過，配戴 Halo Sport 健身的整整四週期間，每天還是持續享有這個好處，一堆汗流個不停。

曾是健身者、抱持懷疑態度的瑞克，還記得他嗎？我請他在練習三頭肌推舉時試用該裝置。瑞克向來推舉不了配重片，但他把裝置配戴在頭上的那天，卻推舉成功了。說他嚇了一跳，還算是輕描淡寫。他也發現汗流得比平常多。

為了進一步瞭解，我搭機前往舊金山，訪談布萊特．溫格利爾（Brett Wingeier），他是 Halo Neuroscience 公司的技術長暨共同創辦人。他向我說明，他們是怎麼跟醫師、腦神經學家、運動員、設計師和工程師組成的全方位團隊合作，共同研發出 Halo Sport。在打造 Halo Sport 之前，創辦團隊就已經花了超過十年，研發出世界第一個癲癇患者專用的閉路式神經刺激裝置。該裝置改變了成千上萬癲癇患者的人生，此後還獲得美國食品藥物管理局一致核准。我向布萊特進一步提問，他這麼說：

共同創辦人和我的職涯絕大部分都投入在植入式醫療器材上，這就是本公司根基的起源。我們是在 NeuroPace 公司認識的，我們在那裡做出癲癇患者專用的植入式回應式模擬器。也就是說，這個植入物會放在你的腦袋裡，一輩子都在那裡，一偵測到癲癇即將發作，就會加以刺激，阻止癲癇發作。

關於他們跟軍方的合作，他不確定可以向我透露多少，但他確實這麼說了：「第一批合約當中，有一份是跟國防創新實驗小組簽約的，他們把 Halo Sports 帶到無數的設施單位，特戰部隊即是其一，還獲得絕佳的結果。這基礎技術有時搭配實驗室設備使用，有時搭配 Halo 等產品使用，經顱刺激可加快狙擊手的訓練速度，還能提高警戒度。」

軍方還進行安慰劑假控制組隨機雙盲臨床試驗。布萊特說：「我們重複進行當中的一些研究。我們有了自己的數據，下一步就是用在運動員身上，對美國國家滑雪隊進行隨機雙盲假控制組研究。」他們甚至還在南卡羅萊納醫科大學（Medical Univerrsity of South Carolina）使用 Halo Sport 進行中風研究。

我每天使用 Halo Sport，都會把經驗給記錄下來。以下是我觀察到的現象：

- 我健身時要做的複雜動作變簡單了。
- 我首次成功舉起重量後，不經思索就在槓鈴上增加更多重量。我就是覺得自己能自然舉起更重的重量。以前會害怕自己舉不起來，如今恐懼已消失無蹤，不用有意強迫自己努力。
- 只有使用裝置的頭兩次才會大量流汗。

最大的變化就是我的肌肉沒以前那麼酸痛。以前做這個健身法，胸肌緊繃，結果右肩老是出問題，這次就不會了。

那麼，Halo Sport 是在哪方面去除恐懼並克服挫敗感？很簡單，它讓我的大腦知道身體的能耐。它破除了舊有神經連結的以下觀念：「比這還重的重量，比這還辛苦的訓練，我做不到！」它重組了神經路徑，幫助我在健身中心舉起更重的重量，就算我停止使用該裝置，還是辦得到。

無可否認，後續幾週不配戴它，確實健身起來感覺比較辛苦，但我的大腦知道我有更大能耐。我可以撐過那種不適感。有時，需要一點額外幫助，才能改造自己的心智，開啟大門，邁向更大的成就，在健身中心是如此，在人生中也是如此。

為了追蹤進度，實驗期間我不僅記錄每天舉起的重量，還每天對著鏡中的自己照相。詳情載於第10章。我的第一張相片還處於營養不足的狀態，畢竟那時才剛發現自己需要修正哪些地方。儘管如此，我舉起的重量比以前還要重。

在落實駭客任務時所進行的實驗當中，這算是十分困難的實驗。由於那是早期的實驗，因此我需要運用極高的意志力來克服營養不良問題。健身雖是簡單有趣，卻還是對身體造成很大壓力。儘管如此，生理上還是發生變化，等於是證明了身體在使用裝置釋放潛能後所具備的實質能力。

既然我的身體已達到營養均衡狀態，我很期望再次進行該實驗。最重要的一點，這樣的轉變讓我獲得真正的身分。我的身材有所改變，對自己的信心也隨之改變，不只是對外表的感覺好轉，對自我的感覺也好轉。我有整整一個月，每天都突破個人最佳紀錄。這對我的心理帶來長久的影響，直至今日仍是如此。

阻斷妨礙你變成駭客的行為

隨著今日科技進展，我們擁有能釋放自身潛能的工具，做出巨大又長久的改變。正如我們所知，「戰或逃」反應經常開啟的話，就會變得疲累不堪，難以負荷，還會讓自己以為沒能力達到目標。使用最新近的穿戴式裝置，就能找出新方法，阻斷多年來造成妨礙的模式，把自己變成促成者。這類裝置促成的認知，是我們在自保模式下辦不到的。

我在危及生命的真實情況下，在感知到威脅的情況下，使用這類裝置，數分鐘內就脫離挫敗感，恢復原狀，再也不用耗費數小時、數天，甚至是數個月。既然我們懂得阻斷這些有破壞性又耗盡活力的模式，那麼現在該讓大腦做好成功準備，深入探究另一個足以改變人生的穿戴式裝置，該裝置能追蹤促成者必備的某項關鍵要素。此外，還要深入探究可讓大腦做好成功準備的強大技巧。

第8章

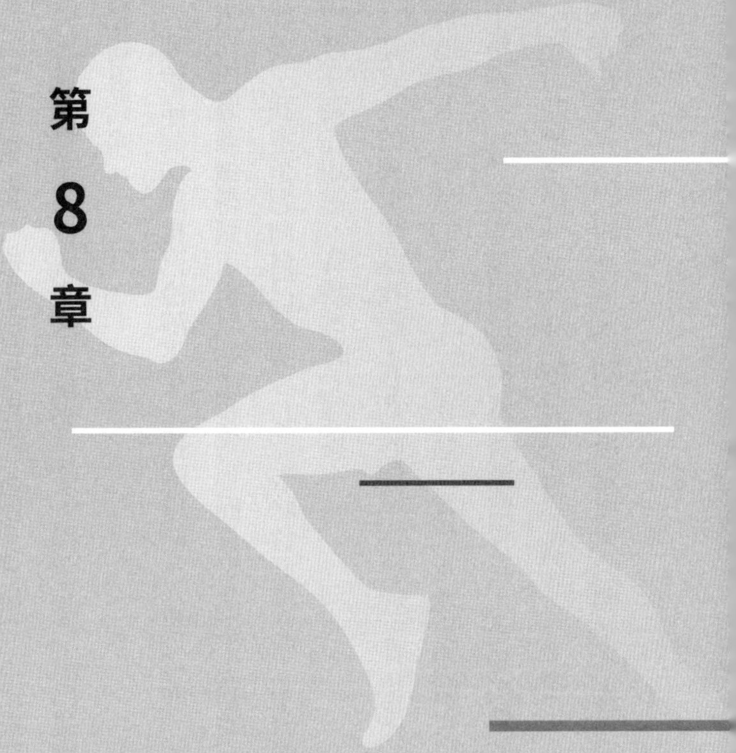

心理排練，讓大腦做好成功準備——身心靈方向一致

「我覺得我做不到！」我對坐在旁邊的強納森這麼說。我正在把腳上那雙又大又重的Timberland 鞋子給脫下來，準備參加東尼．羅賓斯舉辦的過火活動。

東尼剛教完一堂神經語言程式學的課程，幫助我們做好準備，等一下要在棕櫚灘郡會展中心（Palm Beach County Convention Center）後方，走過悶燒的炙熱火炭。我在做想像力練習時，感到勢不可擋。不過，燈光一亮，提示我們走出建物外時，我的腎上腺素起了作用，思緒紛亂起來。

我拚命設法讓自己冷靜下來，提醒自己，在我之前，成千上萬人都走過去了。論理，我知道自己應該做得到，但原始腦覺得那簡直是瘋了！我的心跳急促，本能要我趕緊逃離。儘管如此，我還是想向自己證明，我能破除負面模式，不會像先前那樣老是轉身逃離。該要讓我的潛意識心知道，寫劇本的人是我。

在宜人的佛羅里達夜晚，我們陸續踏入漆黑的停車場，大家都開始複誦：「清涼的青苔，清涼的青苔，清涼的青苔！」這句話是我們走過火炭時可以複誦又可靠的錨，幫助我們持續集中精神。我們要想像自己走的是清涼的青苔，不是炙熱的火炭。

正當我們穿過門時，我的眼睛不得不適應光線變化，適應混亂的情景。黑暗之中，有五千人在這。我們看不清火紅的炭堆是從何處開始，人流是在何處結束，就只是持續盲目跟著前方的人前進。許多人不安地說笑：「有沒有人晚餐要吃烤豬腳!?」我不曉得我們有多接近炭堆，只知道心臟都快從胸口跳出來。我怕得不斷在腦海裡複誦：「清涼的青苔，清涼的青苔，清涼的青苔。」我需要使出最大的意志力，一下子也好。

然後，想不到我已經排在隊伍前面了！我心想，**我還沒準備好！**前頭的女人衝過炭堆，接下來就輪到我了。我走向前，臉上感覺到炭堆的熱氣。我準備好跨出下一步了嗎？

調整生化狀態，邁向靈魂的使命

到目前為止，我們探討了如何以各種方式消弭活力差距，如何阻斷大腦的「戰或逃」反應，免得你不去做喜愛的事。

現在，該要更深入探究，調整身心，以便成為身體駭客。沒有調整好的話，就像是來到T字路口，靈魂想要右轉，心理或生化狀態卻想左轉。這樣很折磨人，彷彿分裂成兩個人，對接下來的方向無法取得共識。等三項要素——生化狀態、心理、靈魂使命——全都一致了，你的身分就會變得穩固起來，決心也變得勢不可擋。突然間，人生都有意義起來，身體、健康、心靈的許多層面也都調整一致了。

原先你的靈魂想達到某個使命，你的原始腦卻唱起反調，如今兩者的拉扯終於結束，整個人也隨之輕鬆起來。你變成了促成者，是歐普拉（Oprah Winfrey），是理查．布蘭森，是東尼．羅賓斯。你的每個部分，你的身體、大腦、靈魂全都朝同一個方向邁進，就算沒往同一個方向，你也很清楚該做什麼來扭轉局勢。然而，這並不代表你不會經歷自我懷疑或恐懼，這只代表你會懂得不讓它遮蔽眼前的道路（見圖表8.1）。

為了達到這種幸福的協調狀態，這一步需要讓大腦做好成功準備，還要準

圖表 8.1　調整生化狀態，邁向靈魂的使命

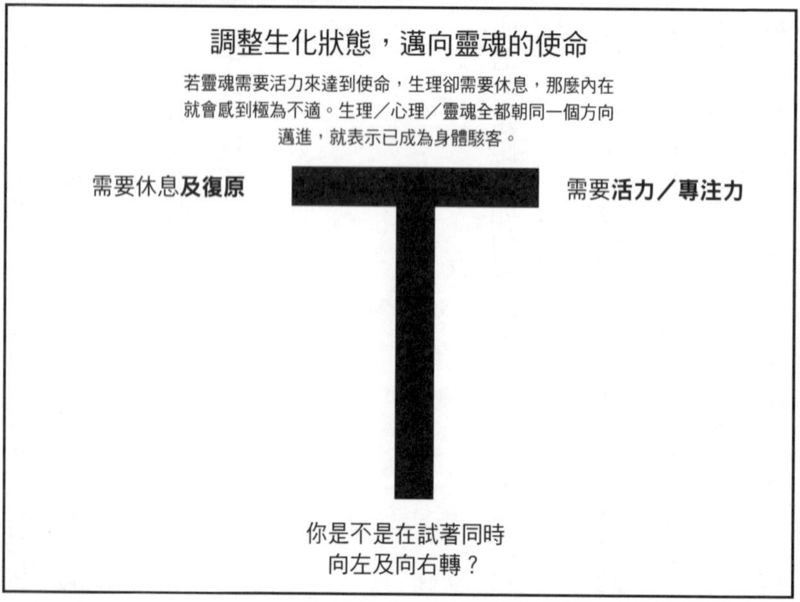
調整生化狀態，邁向靈魂的使命
若靈魂需要活力來達到使命，生理卻需要休息，那麼內在
就會感到極為不適。生理／心理／靈魂全都朝同一個方向
邁進，就表示已成為身體駭客。
需要休息及復原
需要活力／專注力
你是不是在試著同時
向左及向右轉？

備採取必要的行動來實現目標，並且不訴諸於自保模式。自保模式會讓人退回防禦者與守護者的模式。要避免落入自保模式，就必須採取下列兩大關鍵步驟：

1. 完善的睡眠／復原
2. 想像／心理排練

許多人以我們未曾想過的方式出類拔萃、向前突破，而我們卻看不到自己跨越終點線。我們跨到起跑線上，被內心的恐懼擊敗。對於即將要去的地方，大腦沒有路線圖可依循；對於一路上會突然出現的、必不可免的種種挑戰，大腦也沒做好克服的準備。於是，我們專注從事習慣的工作，而非有益的工作，最終無法獲得成功。若能先在腦海裡想像自己達到目標，那麼在現實生活達到目標就變得容易了。

一開始就注重健康和營養，有如替大腦加了燃油，便於繼續邁向成功。這樣一來，大腦有了需要的生化資源，就能快速處理新資訊。接著，阻斷「戰或逃」反應，進入神經可塑性與最佳學習的狀態。根據《牛津英語字典》（*Oxford English Dictionary*）的解釋：「神經可塑性是大腦形成及重組突觸連結的能力，尤其是回應學習和經驗時。」

大腦會藉由經驗不斷進化，這就是神經可塑性在起作用。我們學習、適應和進化時，大腦結構和組織就會隨之發生變化。念頭、情緒或行動每次重複時，就會鍛鍊及鞏固新的神經路徑。至於神經連結會持續變得更穩固，還是變得更虛弱，就要看我們是集中精神在什麼事物上、是何時集中精神、是否運用等。

如前一章所述，有些路徑會每天建立。既然我們已採取措施，讓內在的混亂平靜下來，現在要做的是在腦海裡想像出新路徑，促成真正的改變發生。這條路徑要破除舊有連結的話，大腦就必須進入神經可塑性的狀態，這樣改變就容易了，也長久了。如果希望大腦運作得更佳，就必須讓大腦漸進式超負荷，好讓大腦適應變化。我們使用各種穿戴式裝置阻斷及平抑「戰或逃」反應，同樣的道理，我們也可運用下列策略避免將來發生「戰或逃」反應。阻斷「戰或逃」反應有別於「讓大腦做好成功準備」。做好準備的話，就能在心裡演練需要拿出最佳表現的未來事件。大腦會對將來的情況做好準備，如此一來，未來事件帶來的壓力或焦慮感就會隨之降低。運動員會在心理上想像他們即將參加的競賽，讓心智做好成功準備。想像力愈是細膩，就會表現得愈優秀、愈一致。

克里夫蘭臨床醫學中心（Cleveland Clinic Foundation）運動生理師岳光（Guang Yue）進行研究，請受試者想像自己盡量用力收縮二頭肌。這訓練長達十二週，每天十五分鐘，每週五天。幾週後，受試者的肌力增加一三．五%。[1]這已是令人信服的證據，原來心理上想像動作時觸發的神經路徑跟生理上實際做動作是一樣的。

心理排練有五大成果：

1. 降低心理噪音，免得分心不顧重要事物。
2. 讓大腦以為之前就已經做過該活動，所以沒什麼好怕的，也沒理由要觸發「戰或逃」反應。
3. 不用為了完成工作而施加意志力，會進入「心流」狀態，沉浸在工作中。
4. 減輕恐懼、降低壓力，對自己、對手邊的任務，變得更有信心。
5. 調整自己，轉變成促成者，想要什麼就能獲得什麼。

這種方法毫無新意。許多人面臨的問題在於想出方法把這個策略應用到日常情況，尤其是在達到目標方面。第二步要揭露的想像技巧十分強大，可以毫不費力解決這個問題。過去十年來，我運用想像技巧做好準備，得以在成千上萬的聽眾面前演講、在沒有讀稿機的情況下拍攝影片、處理分手、應對父親的過世、解決內在衝突、為高強度健身做好準備，還寫了四本書。

其實，過去四天我就寫了八千字，突破我個人最佳紀錄。每天早晨開始動筆前，我會先花不到十分鐘的時間，讓大腦做好準備。這本書之所以和上一本隔了四年，是因為我在寫作上遇到困難，專注時間一次無法超過三十分鐘。

在九十天任務期間，我決定加強效用，在進行當天的心理排練以前，先讓大腦進入神經可塑性的狀態。其一就是強化心理狀態，比如運用尼古丁、交替服用各種益智劑（例如茶胺酸和酪胺酸）、穿戴 TouchPoints，讓自己做好準備，建立穩固的神經連結。

上述步驟並非心理排練流程的必要步驟，畢竟我沒額外的幫助就已成功運用心理排練技巧多年。然而，這些步驟確實增強了該方法，效用也更大了。我想讓自己進入最佳的神經可塑性狀態，也就是要確保自己充分休息，而這就要說到「讓大腦做好成功準備」的第一步——睡眠。

第一步：睡眠有益穩固、休息、復原

儘管每晚都睡了建議的八小時，但是那四年我簡直是跟活屍沒什麼兩樣。我一醒來就覺得疲累不堪，這背後有諸多因素，比如說：消化問題、營養不良、氣喘藥物等。不管我怎麼做，總是一醒來就覺得累。睡眠不足會引發各種心理健康問題，例如躁鬱症、思覺失調症、憂鬱症等。在記憶穩固、修復、成長方面，睡眠更是不可或缺的要素。根據美國的疾管中心，出現這種情況的不只有我一人。根據疾管中心的研究報告顯示，美國有五千萬至七千萬的成年人患有慢性睡眠障礙，三位成年人就有一人每晚睡不到七小時。[2] 牛津大學和英國皇家公共衛生協會（Royal Society for Public Health）正在研究睡眠剝奪、癌症、心血管疾病、心理健康、肥胖之間的關係。[3]

有一點很有意思，睡眠不足對身體造成的影響跟喝酒一樣。根據新南威爾斯大學的研究結果，十七至十九小時沒睡的話，機警度相當於血中酒精濃度（BAC）達〇・〇五％，[4] 這在美國法律已達到「不清醒」程度。整整二十四小時沒睡，不清醒的程度相當於血中酒精濃度達〇・一％，比法律規定的酒醉值〇・〇八％還高出許多。

缺乏睡眠會導致多種健康問題，一段時間後會變得嚴重，影響心情，然後回到守護者與防禦者的模式。睡眠需求會持續增加，直到大腦強迫你小睡為止。睡得太少，不僅會情緒不佳，做出理性決定的能力也會受到影響。同樣的，過度疲勞會導致壓力和易怒，提早進入「決策疲勞」狀態。要成為促成者，就必須情緒控管良好，但這在疲勞狀態下是做不到的。此外，還必須意識到是何種因素導致你脫離最佳狀態。

我想找出疲累的真正原因，於是就買了 Oura 戒指。這款看來現代的戒指可日夜配戴，用以追蹤體溫、心率變異和睡眠階段（時間點、時間長度和品質）。還會追蹤生理活動、呼吸、呼吸變異、不活動、強度、時間點、生理活動長度等數據。Oura 戒指是市面上第一個通過獨立驗證的戒指（經過史丹佛國際研究中心〔SRI International〕驗證）。[5]

Oura 戒指讓穿戴式裝置更往上一個層次，它不會讓你淹沒在大量的數據裡，而是每天提供建議，幫助你調整狀態。你每天會收到就緒度分數，這分數是納入各種因素計算而成，例如：你睡了多少小時、靜止心率、前一天的活動狀況等。還會建議你當天應該要高度活躍，還是要放輕鬆。此外，也會據此調整當天應該走多少步，不會預設一萬步的目標。我發現如果每晚至少睡滿八小時，我的就緒度就會大幅提高。

Oura 戒指會追蹤體溫，所以也可以用它來判斷自己是不是要生病了。我第一週戴的時候，某天晚上的體溫從三七ºC（九八．六ºF）降到三六．五ºC（九七．七ºF）。我生病了。

持續追蹤這類數據，就能在感冒或流感全面襲來前，搶先採取預防措施，例如減少健身的時間長度或強度、盡量多休息、增加各種營養補充品等。女性使用者亦可用它來偵測經期階段，更能掌握安全期。

Oura 戒指最重要的讀數就是我那低落的深層睡眠，見圖表 8.2。到了一月初，我的活力恢復了，也復原得很好，所以就算睡眠時間長度減少，深層睡眠仍舊大幅躍升。我覺得自已在心理上機警多了，心情也有改善。同時間還觀察到幾個

圖表 8.2　我的 Oura 戒指與深層睡眠模式的關係

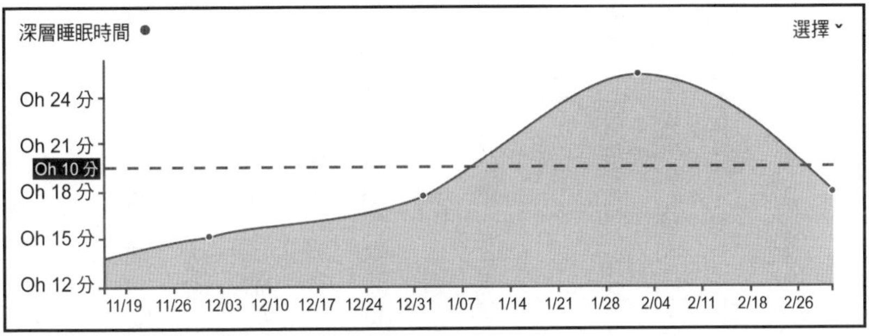

圖表 8.3　我的 Oura 戒指與體溫的關係

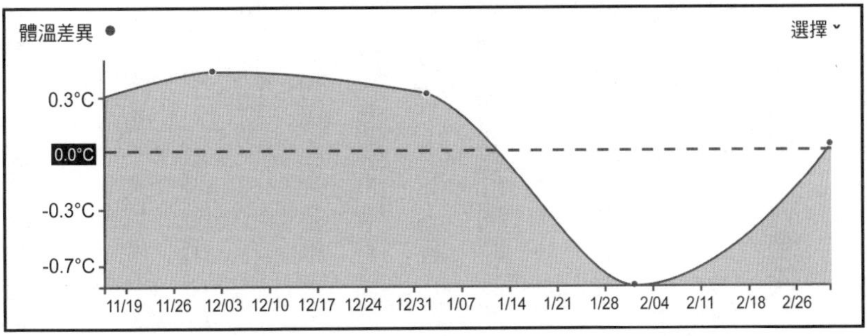

有趣現象，我每晚的體溫降低、呼吸率（即每晚的呼吸次數）大幅改善以後，深層睡眠也隨之增加。

佛羅里達州冬季襲來之時，我把臥室暖氣的溫度提高一度。佛羅里達州的冬天其實不太冷，我觀察到深層睡眠開始減少，才發現是溫度改變的關係，也據此修正了。這現象稍後會詳細探討。比較圖表就可得知，體溫下降，深層睡眠隨之增加。（見圖表8.2和8.3。）

請記住，要感覺到自己已充分休息復原，這當中有許多因素扮演一定的角色。多年來，大家太過強調人總共需要多少睡眠時間，其實高品質睡眠的時間點與自然的晝夜節律，所扮演的角色更為重要。每個人的晝夜節律都是獨一無二的。晝夜節律是歷時約二十四小時的節律，在日常生活的背景中滴答滴答走，調整身心步調。這個體內的時鐘驅策著我們何時該活躍，何時需要休息、飲食和睡眠。

干擾生活的因素（例如時差）會導致晝夜節律無法同步。盡量依循自然模式，就會獲得更充分的休息，體驗到更佳的心理清晰感；不依循晝夜節律，就會引發各種健康問題。可惜這種自然節律受到現代環境的干擾，人工光線出現以後，再也不像前人那樣依循著日出而作、日落而息的週期。睡眠的品質和階段也因此受到影響。一般的睡眠週期涵蓋下列階段：

1. **淺層睡眠**：在此階段，肌肉會放鬆下來，心跳率和呼吸率會減緩。在大多數成年人的總睡眠時間，約占五〇%。

2. **深層睡眠**：最能恢復活力的階段，在總睡眠時間，約占〇至三五%之間。[6] 在人類成長荷爾蒙釋出時，促進肌肉的成長與修復，這在運動與重訓引發壓力時，可說是必要環節。任何干擾都可能突然阻擋成長荷爾蒙的釋出。[7] 有些研究也表明，深層睡眠十分重要，可清理大腦，有利隔天學習新事物。這是最能提振活力的睡眠階段；如果在深層睡眠中醒來，就會經歷「睡醉」（Sleep Drunkenness），在開車或從事其他複雜工作時特別危險。

3. **快速動眼期**：若要重新恢復身心活力，快速動眼期（Rapid Eye Movement, REM）至關重要。有利做夢、學習、創意和記憶穩固，這些全都十分重要，可讓大腦做好準備，這樣就能在心理上準備好邁向你想達到的目標。

4. **清醒時間**：這段時間就是上床後仍清醒躺著的時間。如果有大量清醒時間，就表示難以入睡或難以保持入睡狀態，白天可能會想睡覺。

我們全都很清楚，睡眠受到干擾的話，白天有多難集中精神，因此，要做好成功準備，良好的睡眠習慣是一大關鍵。要是睡眠受干擾的情況持續太久，就會導致倦怠，最後身心俱疲，原因在於大腦無法把當日發生的事件給穩固下來，身體沒讓肌肉做好準備。像這樣經常處於受損狀態，身體和大腦就要承受壓力。

二〇一六年，十一項科學研究經統合分析後發現證據，證明睡眠剝奪似乎會導致人隔天平均額外吃進三八五卡路里。[8]就算只是稍微超乎正常睡眠範圍，也會導致免疫系統的運作損及健康的身體。[9]

如果你正考慮使用安眠藥來掌控睡眠狀態，請將下列的提醒納入考量。二〇一二年，有一項為期兩年半的研究顯示，經常服用助眠處方的人的死亡率是未服用者的五倍。[10]安眠藥不是長期的解決辦法，也有潛在的副作用，例如隔天早上會感到昏沉。醫師應該要跟你一起合作，協助你停止服用這類藥物。

那麼，要改善睡眠品質並替你的電池重新充電，準備好迎接隔天的狀況，還有哪些方法可選擇呢？

增加深層睡眠之七大祕訣

下列建議可讓你無需用藥就能一夜好眠：

1. **阻擋垃圾光線：**睡前避免使用電子裝置，電子裝置會散發藍光，抑制褪黑激素荷爾蒙的分泌，而褪黑激素可調節睡眠／清醒週期。褪黑激素減少，就會更難以入睡。每次看螢幕的藍光，就等於是在傳送信號告訴大腦，太陽還沒落下。新款手機現在多半內建「藍光過濾器」，請設定成在太陽大致西落的時間自動開啟。

其次，務必在白天曬大量的自然光。暴露在陽光下的囓齒動物，夜間分泌的褪黑激素遠超過人工光源環境下的囓齒動物。[11] 亦可使用含特殊染色鏡片的防藍光眼鏡，減輕其他光線來源的影響。

2. **封鎖社群媒體：**你知道我會提到這個的！社群媒體的成癮性質會把我們拖進最新動態裡，不讓我們出去，長達數小時之久。此外，很多人會近距離盯著螢幕看，看著看著就睡著了。你有沒有在床上看手機，然後手機就砸在臉上了？是啊，跟我想的一樣！你該擔心的，不只是牙會缺了一角而已。

使用社群媒體也會讓你在睡前有了壓力。睡前至少要留一至兩小時，讓腦袋放鬆下來。社群媒體應用程式封鎖器有Android版和iOS版，我的設定是一天的某些時段會封鎖社群媒體。一週後，你就會明白自己一天查看手機多少次，而在該模式遭到阻斷後，就會發現自己感覺好多了。社群媒體也會導致決策疲勞。減少接觸社群媒體，精神狀態就會隨之清晰起來。

3. **減少興奮劑：**很多人會在一天稍晚的時候飲用咖啡、汽水或茶等咖啡因飲品，睡眠模式因此受到干擾。咖啡因的半衰期很長，也就是人體攝取咖啡因數小時後，還在處理咖啡因。有些人代謝咖啡因的速度比較慢，導致副作用在當日很晚時才會出現。如果咖啡因會讓你心神不寧，請如第6章所述，用一劑茶胺酸稀釋咖啡因的作用。

茶胺酸多少也能抵消咖啡因引發的睡眠障礙。亦請諮詢醫師，詢問你服用的藥物會不會干擾睡眠或具有興奮作用，氣喘藥物即是一例。這情況是可以修正的，請在上午服藥，不要很晚才服藥。醫師會根據你的具體需求，提出建議。

4. **生活規律：**睡眠應視為第一要務。若要達到最佳認知機能，進而長時間集中精神，那麼睡眠堪稱為生命力的泉源，也是至關重要的環節。人應該睡覺的時間沒有一定，這要看你和你那獨一無二的晝夜節律而定。為什麼人每天都會在同樣時間覺得疲累或飢餓？如果你曾經猜想過這個問題，那其實是晝夜節律在起作用。

最好能依循體內的時鐘，做出適合自己的決定。超級成功人士擁有的習慣，比如清晨五點起床，你不見得也要照做。其實，那樣有可能會徹底干擾你的自然節律，害你的人生變成一團混亂。

5. **降低溫度，增加深層睡眠：**根據健康教練、健身專家艾力克斯．弗格斯（Alex Fergus）所言，有研究發現「最佳的睡眠室溫是涼爽的一五．五℃至二〇℃（六〇ºF至六八ºF）。」我的深層睡眠首次增加，是隆冬時節困在加拿大時。我回到冬天不太冷的佛羅里達州以後，深層睡眠就開始減少。

6. **補充褪黑激素（少用）：**褪黑激素是一種可引發睡意的營養補充品，如今愈趨受到歡迎，但仍有警語應予注意。每年有數百萬美國人服用褪黑激素，但建議僅供短期服用（數個月以內）。褪黑激素也會造成血糖增加，所以糖尿病或前期糖尿病患者應該避免服用。

過量會導惡夢及隔天嚴重昏沉。應該盡少服用，畢竟還必須進行更多研究才行。[12]我很少服用，通常是為了努力調時差，把晝夜節律重設為另一個時區。基於此理由起見，建議不要買最便宜的品牌。

7. **處理維生素不足的問題：**正如我們所知，要釋放心理能力並改善睡眠品質，關鍵就在於改正營養不良問題。三大重要維生素為維生素 A、B_6、D。維生素D_3不足也會造成睡眠障礙，B不足會引起睡眠障礙，維生素A是調整及維持晝夜節律的重要因素。[13]

若是缺乏高品質的睡眠，那麼就幾乎不可能記住關鍵事實、持續集中精神、還有調節情緒。睡眠在神經可塑性方面扮演重要角色，還能確保大腦以絕對最佳狀態運作。

二〇一六年，弗萊堡大學（University of Freiburg）發表的研究顯示，白天在大腦裡發生的連結會在睡眠期間重新設定。研究人員還發現，一夜沒睡就足以阻擋這種自然的重新設定，有礙大腦鞏固當日記憶的能力。[14]高品質的睡眠對大腦的記憶與學習能力至關重要，有助於適應周遭不斷變遷的世界。

就算睡眠遭剝奪，每天心理排練及靜觀的話，還是能獲得一些好處，但可能不太容易達到儲存長期記憶時所需的高度專注力，畢竟這件工作需要每晚都穩固記憶才行。你應該今天就採取措施，把缺乏睡眠這件事給改正過來，並使用穿戴式裝置（例如 Oura 戒指）追蹤所有變化，這樣問題一出現就能快速改正過來。

畢竟就神經可塑性而言，睡眠應當是最不可或缺又具修復能力的生理機能，還能讓我們準備好在人生旅程中跨出下一步，不但讓大腦做好成功準備，還能建立新的連結，以利變成身體駭客。

第二步：在混亂中找到平靜

神經語言程式學是對人類行為表現進行系統化的研究，其所奠基的信念為經驗是可以進行修改、改善，甚至是移除的，從而把阻擋我們的心理障礙清除乾淨。神經語言程式學是有結構的體系，有助我們控管情緒，打下日後成功的根基，起源於一九七〇年代的加州聖塔克魯茲（Stanta Cruz），由理查・班德勒（Richard Bandler）和約翰・葛萊德（John Grinder）共同提出。

我很幸運，二十歲出頭就接觸到神經語言程式學，此後幾乎每天都應用，長達將近十五年。東尼・羅賓斯在全球各地舉辦無數場的活動，強調神經語言程式學的益處，因此這些年來神經語言程式學大受歡迎。經過多年的自我實驗，我把多項具體的神經語言程式學技巧予以改進並結合起來，每天只花十至二十分鐘在心裡排練未來事件，讓大腦做好準備，應對今後的工作。

如果要採取更多有意義的步驟，朝目標邁進，那就必須調整身分，跟自己需要成為的模樣一致才行。迄今，心理排練仍是必須採取的一大步驟。在腦海裡看不到的話，在現實世界也看不到。為了做到這點，必須運用神經語言程式學的所有關鍵層面來創造出真正的改變。

比如運用次感元，徹底沉浸於每日的心理排練。次感元是由感官系統構成，換句話說，我們是經由感官及相關的強度來看見過去事件與未來事件。我們運用這些次感元的方式，在在呈現出我們會把情況視為正面的、中性的，還是負面的。次感元涵蓋下列五感：

1. **視覺次感元（你看到的）**：形狀、色彩、焦點、明／暗、對比、距離、速度、大小等。
2. **聽覺次感元（你聽到的）**：音量、音高、距離、律動和聲、節奏、拍子、樂句、進行（progression）等。
3. **動覺次感元（你感覺到的）**：溫度、重量、銳利／模糊、乾／濕、壓力、質地、強度、歷時長短等。
4. **嗅覺次感元（你聞到的）**：甜味、清新、香氣、隱約的氣味、輕微／強烈、腐敗味等。
5. **味覺次感元（你嚐到的）**：鮮、酸、甜、苦、辣、鹹等。[14]

以調整次感元的方式操縱過去事件或未來事件，就能把那事件壓在心頭上的負擔給放下來，並且能建立新的神經路徑和正面期望，以求獲得更滿意的成果。如此一來，就能在改善表現及減輕壓力的同時，創造出正面的行為改變。

我問澳洲魔術師山姆·鮑爾斯怎麼在心理上做好準備，完成每年四百場的危險逃脫術表演。他說：「我做新表演時，都會鎖上後台化妝室的門，讓自己完全安靜下來，花大約十分鐘在腦海裡想像自己等一下走上台要面對的具體細節。這樣真的走上台時，要做的表演幾分鐘前才發生過，所以只要在現實生活中重做一遍就行了。」

他運用這種準備的技巧做為演出前的固定程序，讓自己處於合適的狀態，於是就能在觀眾面前盡全力表演，不用擔心等一下會不會發生什麼事。善用這種技巧，日子就會變得輕鬆許多。

練習：抵消負面的過去事件

你對於過去事件的感覺，甚至是對於某個人的感覺，能多快改變呢？現在來看看吧！請回想過去某起讓你有點不快的事件。停下來想那件事時，會有多大的不適感？請根據不適感的程度，以〇分到一〇分打分數。讓內心的感覺膨脹，想像它就在眼前。你看到什麼？聽到什麼？感覺到什麼？嚐到什麼？觸碰到什麼？它有多強烈？花一些時間體驗。它讓你覺得很不自在時，就該玩次感元遊戲，改變你對它的感覺。

1. 把畫面變成黑白，並模糊化。
2. 把它縮小到你的拇指大小。
3. 聽到你最愛的歌曲在背景中播放。
4. 把歌曲的音量開大，直到你感覺得到低音的振動（最好是邊想像這起事件邊播放你最愛的歌曲）。
5. 歌曲持續在背景播放時，把影像模糊化。
6. 嗅聞空氣中你最愛的鬍後水或香水味。
7. 想像嘴裡咬著你最愛的食物。
8. 把這幅小又模糊的黑白畫面替代成之後發生的且讓你爆笑的事。
9. 現在你臉上有什麼表情？你想到這件好笑的事，有何感受？你聽到什麼了？請沉浸在這個體驗裡。

現在請回想那起讓你有點不快的事件，有多大的不適感？請根據不適感的程度，以〇分到一〇分打分數。重複這過程數次。

很多人做完這個練習以後，會發現自己記不清事件，或記不太得是什麼引起自己不快。如果你還是打很高的分數，覺得非常不快，請試著運用更多類型的次感元，操縱腦海裡的畫面。對我而言，把畫面縮到最小，替代成事件後發生的快樂畫面，向來是迄今最有成效的做法，可拋開所有跟該起事件相關的負面感覺。運用這種簡單又強大的技巧，就能斷絕所有導致事件進入長期記憶的因素，同時還能連結到更正面的感覺，從而阻斷原本的模式與因應方式，就像是翠西處理海洋恐懼症那樣。

第三步：去除壓力，投入當下

既然你已懂得怎麼操控事件，讓事件變成中性，現在就來看看，可以怎麼消除即將發生的未來事件所帶來的壓力，還有，用何種方式能讓大腦做好達到目標的準備。這次不只是要運用所有的次感元，還要踏上時空旅行。

我們想起回憶時，回憶或許不快，或許愉快，總之我們對回憶的反應就像是事件才剛發生一樣。我們對相關回憶的神經生物反應有可能強烈得如原始事件本身。大腦對於現在的事情、記得的事件、想像的事件，據信是區分不出來的。由此可見，凡是想變成身體駭客，心理排練會是強大的方法。

在事件發生以前，先在腦海裡對該起事件進行心理排練數次，就能減輕相關的恐懼，讓自己準備好處理即將到來的狀況。不過，有個難處，事件發生後其實生活還是繼續正常過下去，可是大家經常認不清這點。

試想，有對情侶要結婚了，兩人的想法和心力全都集中於婚禮當天，目光無法觸及婚禮後的日子。從現在起一直到婚禮當天，壓力持續累積，最後壓力大得幾乎無法承受。無論婚禮那天是否注定是人生中最美好的一天，人生好像差不多就停止在那天。婚禮事件被「過度簡化」，跟整個人生斷了關聯。這種只著眼一件事的心態不容許犯錯空間，一有小事出差錯，人們反應之激烈，就好像那是生死攸關的情況。

不過，在腦海裡模擬事件，超脫事件本身，看見自己在事件發生幾天後、幾週後、幾個月後、幾年後的狀況，那麼壓力就會釋放出來。你向自己的大腦證明了一點，事件發生後，日子還是會繼續下去，情況還是會好轉。還有一點很重要，你會明白該起事件並不是生死攸關的情況。更可喜的是你「投入當下」，活在此時此刻，從而得以過得開心，享受這趟旅程。

我運用這種技巧，獲得深刻的體驗。我多次在成千上萬的聽眾面前演講，演講完離開時，不太清楚剛才發生了什麼事。我沉浸在當下那一刻，開心度過那段時間。我的思緒自然流暢，不受自我意識的束縛，自由自在。我的大腦之前就去過那裡做過了，也就是說，沒什麼好怕的。我在腦海裡見過自己演講完走下階梯，微笑面對一陣掌聲，所以一切都會順利進行的。

假如我在腦海裡看見自己走上階梯，笨拙地回想講詞，那會發生什麼情況呢？我對於自己、對於從未發生過的事件會產生負面的聯想，引發「戰或逃」反應，準備好面對潛在的失敗與不必要的壓力。

心理模擬可應用在下列情境：

- 讓大腦準備好因應當天的情況，有利增加生產力；這是九十天駭客計畫的一部分。
- 讓大腦漸進式超負荷，適應可能會拓展舒適圈的未來事件（例如接下新職位、結束關係、購買房地產或著手開始自己的事業）。
- 改善運動表現，比如我就會搭配 Halo Sport，做好高強度健身的準備。
- 對任何即將到來的事件做好萬全準備，才能充分發揮潛力。

現在逐一說明流程。不過，在這之前，為能獲得最佳體驗，下列步驟雖非必要，但仍建議採用：

- 三十至六十分鐘前，喝一杯綠茶或咖啡，服用一些茶胺酸，有利進入「忘我境界」，更能達到勢不可擋的專注力。
- 如果有 TouchPoints，請在三十分鐘前穿戴好，以利進入神經可塑性的狀態。
- 靜觀十分鐘，讓心智準備好集中精神在手邊的工作上，尤其是第一次做這個練習時。
- 試做以前，請先詳細閱讀流程幾遍。一段時間過後，就會成為第二天性，只要你有需要就能馬上做到。

如果想要逐步說明的音檔，請至 www.areyouunstoppable.com，下載流程錄音檔，加到日常播放清單。請查看補充說明的速捷想像法，你今天就能著手開始。

修訂將來的目標後，每天重複這個練習。務必想像自己克服這一路上可能會面臨的挑戰，讓大腦做好冷靜處理的準備。你或許會發現自己做起事來更流暢，能以更短的時間做完更多事。你不會全部時間都在擔心可能發生的情況而緊張不安，反倒是集中精神在自己做得到的事情上。

在這種狀態下，你的心思冷靜又理性，可以輕鬆處理問題。只要一彈指或做別的手勢，就等於是藉由實質的手勢讓心理狀態穩定下來。你正在做剛才排練過的活動，做到一半時，正適合用手勢提醒自己。只要一彈指，就能進入相同情緒。

速捷想像法

（每天約五至十分鐘）

第一步：安靜下來

找到安靜的地方，至少十分鐘不會受打擾。閉上眼睛，平靜做幾次深呼吸。

第二步：想像即將到來的事件

在腦海裡想像前方有電視機，畫面上正播放那起讓你壓力很大或難以負荷的即將到來事件或目標。也許事件發生時，你必須發揮最佳表現。那可能是重大的專案，或是你安排當天要從事的活動，而你希望能準時完成。

第三步：你看到什麼？感覺到什麼？聽到什麼？

請仔細想想，想到你開始覺得有些不適。你看到什麼？聽到什麼？感覺到什麼？聞到什麼？嚐到什麼？

第四步：操控畫面

現在，把畫面縮小，然後放到螢幕上，大約是iPhone大小，就在你前方幾公尺處。把畫面變成黑白，然後模糊化。

第五步：斷絕

想像自己離開身體，站在自己背後。你正看著自己看遠方電視上的自己。

第六步：電影倒轉

把電影倒轉到事件快發生時，那時你正在笑著，很開心，一切都很完美。真正把它給看進去，感覺它。

第七步：電影快轉

接著，快轉到事件結束為止，見你所見，聽你所聽，感覺你所感覺。想像自己正做著必須做的事，一切都很順利。不只是想著這起事件，還要想像事件結束一天後、一週後、一個月後、一年後的情況。

暫停畫面，把畫面變成彩色。把成功的色彩、聲音和感覺調到最強的一〇。把畫面從平面的 2D 化為立體的 3D。你看到什麼？聽到什麼？感覺到什麼？嚐到什麼？觸碰到什麼？一調到最強的一〇就彈指，用手勢把這些感覺固定下來。

第八步：電影倒轉

現在快速倒轉這起事件，速度要盡量快，見你所見，聽你所聽，感覺你所感覺，一直倒轉到事件快發生時，你還開心笑著的時候。把這些感覺漸漸放大到強度一〇，然後彈指。

第九步：跨入電視

跨入電視裡，努力想像你正做著自己想做的事，一切都如你想要的發展。看見自己輕鬆優雅地逐一克服眼前的所有難題，直到自己再度回到成功的畫面，臉上掛著微笑為止。把這些感覺漸漸放大到強度一〇，然後彈指。

第十步：倒轉／快轉

倒轉事件，快轉事件，倒轉，快轉。每做一次，速度就要愈快。至少重複做十次，一到了事件快發生時或剛發生完就彈指。

這樣就行了！你現在已經準備好應對一天的工作。

我每次寫書都會做這個練習。有一天，我忘了做，寫出的字數就少了五成。我的大腦沒做好準備，沒能達到我工作所需的專注力。這個練習會成為生產力的基石，每天花不到十分鐘，就能釋放心理能力。

過火活動

我握起拳頭，把力量灌注到身心裡。然後，抬起頭來，開始往前走。才幾秒鐘我的專注狀態就潰散了！我怕燙傷怕得要陷入恐慌之際，我立刻唸著：「清涼的青苔，清涼的青苔，清涼的青苔。」這句話是東尼成功灌輸在我腦海裡的音錨。過火之後，有人拿水管朝我雙腳沖水，免得腳底黏著炭。有一隻腳覺得特別燙，我還以為燙傷了，但幸好沒有。我花了好一會兒才能思考剛才發生的事。

我們運用強大的錨定技巧和心理排練，相信自己能做到大家都覺得做不到的事。過火活動證明腦海裡模擬的事件可以變得力量強大。真正下定決心做出改變，並在安全的腦海裡反覆模擬，就能超越自己，而「慣常以為能成為的模樣」以及「實際上能成為的模樣」，這兩者之間的身分差距也能就此消弭。

萬一你不清楚自己的目標是什麼，萬一你還沒聽見自己靈魂的使命，該怎麼辦呢？要怎樣才能應用這個練習？很簡單，在腦海裡看見自己終於體悟到自己知道精神要集中的地方。其實你還不用知道那是哪裡，只要看見自己體悟到那終究是做得到的。你即將發現，很多人都出於恐懼，埋葬自己的使命，讓身體進入自保模式。嗯，現在該是起身改變的時候了，請關閉自保模式，挖掘出深層的使命，給自己一個更強大的理由達到目標。

Part 4

做自己的身體駭客

第 9 章

面對人生十字路口——使命感解決困惑，升級願景和動力

我們家族農場有條小溪蜿蜒貫穿，我在小溪附近散步，突然間有所頓悟。我知道自己天生要做件有意義的事，只是還不知道那是什麼。

當時的我是個在農場長大、個性活潑的十歲男孩，而這就是我渴望過著有意義人生的最早回憶。我想為某件事而活，以那件事為依歸，並留下功績。我摸不清那件事到底是何樣貌，等三十歲出頭時才終於有了頭緒。

在那之前，我什麼都試過了，比如金屬雕塑、寫作、音樂、健身、人生教練、舉辦每月B2B*活動、諮詢和專業演講等。我來到人生自助餐，每樣都嚐遍了，就是想看看自己喜愛什麼，不在乎什麼。每回的新挑戰都帶來新的刺激與經驗，還有每次都有的一劑多巴胺。然而，過了一陣子，刺激感消失了，我再度缺乏專注力、動力和動機。我花了很多年才明白，使命並非固定不變，而是如水般流動，有時滔滔奔流，有時涓滴細流。

以為自己注定餘生都只做某件事，並緊抓住這種想法不放，也未免可笑，好比一輩子只穿同一雙鞋到處走，鞋底遲早會被磨薄、磨穿，終至赤腳流血，我們必須換上新鞋，起身繼續往前邁進。

這社會對每個人的期望就是，你要決定走上某一條路，主張擁有那條路，最後死在那條路上。可是這樣的話，經歷停滯期的時候，沒什麼能振奮心情、快樂也難以企及的時候，就會引起莫大的內在衝突和挫折感。此時，就需要全新的思維模式找出使命與意義，能隨著我們的進化而進化，能幫助我們達到全新的成功程度。要做到這點，就必須瞭解身分、快樂和使命三者是怎麼相交並塑造我們的日常經驗，從而推動我們達到新的目標。

要成為促成者，就必須在生化活力與心理／心靈活力層次替電池重新充電，好照亮眼前的願景。使命可支撐心理活力，讓餘燼重新燃起火花。

二〇一七年三月，我的火花快要熄滅了。我再也不知道自己想要什麼，就快要放棄一切。我不斷拿同一個問題問自己：「這一切到底有什麼意義？」這不只是需要進行生化狀態的轉變，還需要提醒自己的使命是什麼，要意識到自己扮演何種身分，要體悟到自己想進化成哪種身分。

我們的身分——亦即我們認為自己會成為的模樣——呈現出我們爭取的是什麼，是怎麼爭取的。我們的使命也呈現出我們的身分是怎麼轉變的。就算知道自己的使命是什麼，也還是必須去除掉再也不適合自己的舊身分。心態突然有所轉變，還渴望更多，這就是永無終止的生命週期。在我們的眼裡，舊有的目標和身分再也不像從前那樣重要又有意義。

* Business to Business：指企業間透過電子商務的方式進行交易。

這就是身分差距在起作用。等我們終於進化，變成自己一直期望成為的模樣，此時可能會感到悲傷，因為一段旅程已經告終，那是人生中某一章的完結。沒了要奮鬥的目標，可能會感到焦躁不安。在展露及形成自我的過程中，在此刻模樣與未來模樣之間的美好灰色地帶，我們經歷了最快樂的時光。

在此處，我們必須有自覺地享受其中，允許自己理直氣壯地創造出自己的人生。一段旅程告終之際，另一段旅程必然展開，否則我們會陷入困境，缺乏成功所需的動機、動力和意志力。

找出使命

找出個人使命，好比穿上全新的鞋子，繫好鞋帶，出去走走看。你穿了一會兒，不合腳就換穿別的新鞋。至於使命，找出使命可能要花好幾年。不過，每次試穿新鞋就是在累積經驗，領著你邁向下一回的冒險。

每個人總是會多次來到人生的十字路口，再度質疑起自己的人生到底有無意義。一有陷入困境的感覺，就表示自己站在人生十字路口。此時就要擔起以下兩種身分之一，而身分就左右了陷入困境的時間長短：

- **有使命**者的身分
- **無使命**者的身分

要徹底轉變成促成者，就必須要釐清自己目前的使命，決定要賦予使命何種意義。促成者懷抱著強烈的使命感，協調者也是如此。這並不是在說防禦者和守護者沒有使命，只是兩者的生化狀態想要往左轉，靈魂卻拚命設法往右轉罷了。所以身分差距祕訣才得以存在。在你活力低落時，使命感會替你的電池重新充電，點亮各種目標（即燈泡），這樣你就能把精神集中在那些目標上。使命感是一股無形的動力，推著你往前邁進。在你的生化狀態把你往下拖、要把你變成防禦者或守護者時，格外需要使命感。

沒了使命感，就只不過是在磨磨蹭蹭走著，有如渾噩度日的無數人們那樣。扮演無使命者的身分，不管有意還無意，都是自己選擇了那個身分。無使命者徹底扼殺自身的使命，只能對自己說：「我不知道自己想做什麼。」這狀況不斷重複，成了習慣，就算有完美的機會掉在他們手上，他們還是會重複著預先排好的回應。這就是他們的人生盲點。下列任一種因素都會觸發前述的回應：

1. 新目標需要大量的改變和活力，於是被剔除了。如果是在守護者或防禦者的模式下，大腦要保留剩餘活力供重要生理機能使用，就格外是如此。因此，本書並沒有一開始就探討使命的主題。你這一路上會碰到諸多的生化難題和認知難題，阻礙你的使命自行展現。除非我們把難題全數清理完畢，否則你很難找出使命。大腦害怕那使命要付出一生的代價，不管這恐懼在邏輯／理性心智看來有多荒謬，大腦還是會把使命隱藏起來。
2. 他們太害怕了，沒辦法說出目標。他們能看見或已看見了可能成真的事，但目標在舒適圈外很遠的地方，「戰或逃」反應因此觸發，他們立刻回到目前的身分，好獲得安全感。
3. 他們處於收縮狀態，而非擴張狀態。我們肩負任務時，身心的每個元素都是為了擴張，為了更接近真實的自己。有時，我們需要收縮，不重要的一律剔除，還要活得退縮，這樣才能估量出真實的自我、想要的是什麼、接下來要去哪裡。只要認知到自己處於收縮狀態，就能擁有喘口氣的餘裕，讓下一個專案自行展現在眼前。唯一行不通的時候，就是你太忙著怪自己而不曉得自己想要什麼。

要變成身體駭客並消弭身分差距，最後一個階段就是必須先認知到自己經常處於個人進化的狀態。人類出生時，大腦裡的突觸連結數量是成長時的兩倍。大腦會修剪突觸連結，以求更有效率（收縮）。兒童的大腦創造力之所以高了許多，是因為大腦正在實驗不同的結構配置，以利日後形成某種特定的結構。從這情況就能看出我們如何經由自我探索和無止盡的修剪，揭露出自身的人生使命，最後挖掘出真正想要體驗的。

有使命的人更常達到目標

有社會研究顯示，使命感較強烈的人，睡得比較好，性生活更愉悅，也更長壽。

某項為期一年的研究顯示，要是酗酒者的使命感在療程期間提高，療程後六個月就比較不可能回到重度飲酒的狀況。此外，使命感較高的人，較少有睡眠障礙的狀況。[1,2]

我們對各國九百九十九位創業者進行第二次調查，結果發現使命感強烈的人有七〇%的時間會達到目標，毫無使命感的人說他們只有六%的時間會達到目標。我猜想這是因為擁有首要使命的人比較清楚自己每天的整體方向，也知道自己想做什麼，從而更能集中心力，更可能獲得成功。此外，我們還揭露出下列很有意思的結果（圖表9.1）。

使命感強烈的人vs毫無使命感的人：

- 害怕失敗：五六%vs八七%
- 懷疑自己：五二%vs八七%
- 接受拖延：七二%vs九五%
- 對達到目標一事抱持樂觀態度：九六%vs六九%

圖表 9.1　清楚使命 vs 不清楚使命

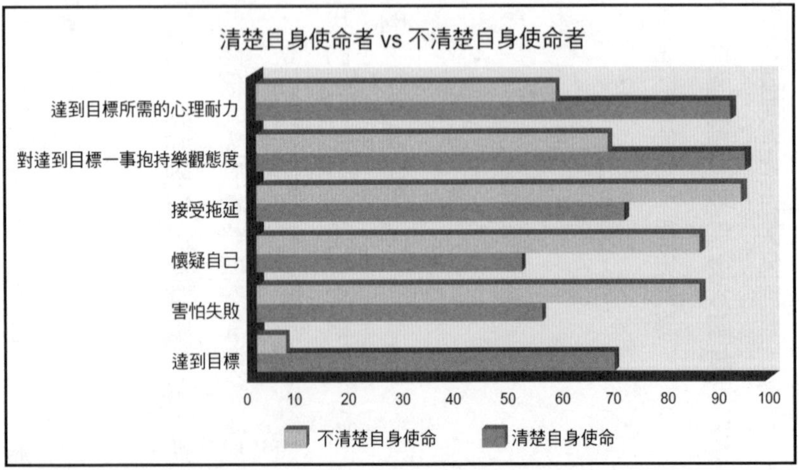

- 具備達到目標所需的心理耐力：九三％ vs 五九％

這雖未證明因果關係，卻也點明了以下現象的關係：強烈的使命感、害怕失敗、懷疑、拖延、樂觀和心理耐力。我的假設是不清楚使命的人沒有真正的燈塔可以引導方向，因而更容易懷疑自己、拖延、對達到目標一事較不樂觀，還缺乏達到目標所需的心理耐力。

使命源自哪種類型的安適感？

擁有強烈使命感不但能帶來心理上的益處，還能帶來生理上的益處，兩者同樣重要。二〇一三年，加州大學洛杉磯分校（University of California, Los Angeles）史蒂芬・柯爾教授（Steven Cole）進行的研究，即探討了擁有使命會對人類基因表現造成何種影響。為了研究這種現象，柯爾著眼於下列兩種類型的安適感：[3]

1. **享樂型**：源自於愉悅和獎賞。奠基於個體有多常感到快樂。

2. **幸福型：**源自於超乎自我滿足範疇的使命；例如擁有良好的方向感。

柯爾的判斷方法是請受訪者寫下前一週的安適狀況，也就是他們有多常感到快樂（享樂型），或何時覺得人生有方向感（幸福型）。結果發現受訪者若在其中一項獲得高分，另一項往往也獲得高分，而無論是哪項獲得高分，憂鬱程度都比較低。

然而，享樂型安適者的發炎基因表現高，抗體基因表現低。感到寂寞與壓力的人也會出現這種模式。人生有整體方向感、從而獲得幸福型安適感的人，其生理狀態卻截然不同。

柯爾猜想，幸福者會把精神集中在使命上，從而降低神經系統的「戰或逃」反應。原因可能在於人們把精神集中在有價值的事物上，名為「腹側紋狀體」（ventral striatal）的大腦部位就會活化起來，杏仁核受到抑制，而杏仁核是啟動「戰或逃」反應的大腦部位。根據研究顯示，在使命感方面獲得高分，就表示杏仁核較不活躍。[4]

對於想達到成果的你，這到底有何含意？肩負的使命超乎自我滿足的範疇，還擁有整體的方向感，可帶來更大的健康益處。換句話說，追求比自己更宏大的事物，擁有更清晰的人生方向感，就能減少「戰或逃」反應，過著恐懼感更少的人生。正如我們所知，控管大腦的這個層面，就能提高心理清晰感、更不情緒化、有策略地思考各種情況和挑戰，從而獲致更佳的成果。

我在這段旅程訪談的創業者和專家全都肩負強烈使命感，從而促使他們追求目標。他們的出發點都是基於個人需求，想要讓自己好過一些（享樂型），之後都有所進化，覺得自己的任務就是幫助他人成功（幸福型）。彷彿我們要找出方向感，唯一之道就是先把心力放在自己身上。一旦自己快樂了，就有了充沛的活力，足以幫助他人。安適感會化為生理上更健康的身分。如果營養不充分，活力不足，機能就無法正常運作，遑論專注幫助他人，獲得更大利益。

演化是否讓利他行為獲得生理上的益處，藉此促使我們幫助別人呢？誰曉得？不過，我們確實知道一點，必須先通過第一個階段幫助自己，才能進入第二個階段幫助他人。為了瞭解真實自我與自身的價值主張，這些都只是過程中的一部分。

有些人可能已經清楚知道自身的使命，有些人則不然。不管你屬於哪個陣營，凡是想獲得成功並點亮燈塔引導自己，就必須清楚自己的願景是何樣貌，是什麼在支撐著願景。

在身分差距的框架裡，燈泡裡的燈絲是根本的使命，是你想擁有的感覺之本質所在。目標（即散發的光芒）是用以傳達使命，光芒會四面八方散發出去，每道光都分別代表不同的目標。我們之所以會散發出許多的光芒，是因為人性本來就會以許多不同方式表達出真實樣貌的本質。目標會隨著時間而有所進化，但只要目標仍是用以傳達使命，就表示我們依舊專心致力在目標上（圖表9.2）。

若目標不符合根本使命，就會經常覺得左右為難。心裡覺得有什麼不對勁，卻不一定每回都能確切指出問題所在。為了讓目標和使命達到一致，可運用神經語言程式學技巧加以梳理並放大，這樣就會深受其所吸引。如果你很清楚自己的使命和目標，希望你多加密切注意。我們要把使命和目標的音量放大，好讓你在心理層面體驗到自然而然的行為變化，並且克服所有阻攔你

圖表9.2　在你的多項目標中找出使命

你的燈泡裡有什麼？

「光就是你的燈塔，光引領著你回家，引領著你所有的決策，
最重要的是，光引領著你日後的模樣。」

使命

燈絲是根本的使命，散發出的光芒代表目標，用以傳達使命。

的挑戰。

如果你很不確定自己的使命是什麼，請從事下列活動，這樣就應該會輕鬆起來，更清楚自己的使命與自身的價值主張。唯有經由這樣的體驗，才能從享樂型安適感變成幸福型安適感。至於時機點與做法，則是你個人旅程的一部分，沒有固定規則可循。等你狀況好了，準備好了，之後就會到達目的地。

認知的轉捩點

「認知的轉捩點」是一種心理狀態，你對於自身的使命有可能略有所知，也有可能毫不知情。那有如貼近水面的泡泡，必須釋放，才會浮到水面上現身。

在揭露你的使命以前，在有些人已經擁有的方向感中找出更大的意義以前，必須先進入冷靜狀態，才能運用理性心智。我們想避免「戰或逃」反應起作用，免得影響到你對自身渴望的看法。要是「戰或逃」起了作用，你就會開始對自己說：**「永遠不會發生的。」「太難了。」「我沒錢。」「我沒資源。」「我不夠聰明。」**

如果主動讓自己處於邏輯／理性心智，創意十足的心智就有了空間能好好探索，從而真正挖掘出現在的模樣，以及想成為的模樣。你的心智會變得開放，你會運用直覺，免於恐懼和疑心，一切都會視情況展現出來。請見二九六頁的補充說明，有另一個很棒的練習可以試試看，這次是要挖掘出你的使命。

揭露使命並點亮燈塔

（照亮你的前路）

第一步：一開始請練習第8章教的速捷想像法。建議把自己的心智改造成可以接納以下的想法：你有可能知道自身的使命、目標、下一個專案。你要能改進既有目標並放大強度，讓目標成為你強烈的渴望，從而促進潛意識行為改變。要做到這點，請想像你意識到並承認自己自始至終都曉得使命為何。想像自己靈光乍現的那一刻，在那一刻，使命如此顯而易見，耀眼奪目。

想像這畫面時，請見你所見、聽你所聽、感覺你所感覺。描述自己靈光乍現那一刻是何模樣，身上穿了什麼衣服？靈光乍現時，你人在哪？看見哪些顏色？誰和你在一起？你在做什麼？你聞到什麼？你有什麼感覺？是體內何處感覺到的？你臉上有何表情？

這裡就放鬆玩一玩吧！在你的腦海裡，你的靈魂想去哪，你就跟著去吧！

在背景播放你最愛的音樂，音樂會帶來各種感覺，也許是性感，也許是釋放，也許是自由，也許是放鬆，也許是力量。想一下，使命在你面前展現時，你想要擁有何種感覺，請據此挑選出適合的音樂。用這音樂幫助你進化，變得清楚自身使命；或者，如果你已清楚自身使命，就讓音樂帶給你更強大的力量和意義感吧！

第二步：等你想像了自己已意識到自身使命／下一個專案是什麼，請在不受干擾的地方，問自己以下問題：

- 每天／每週／每月／每年，你想要擁有何種感覺？你可能會想有的感覺，茲列舉如下：有自主力量、冒險、受到挑戰、創業精神、叛逆、與人連結、解放、勢不可擋、解開束縛、有動機、有動力、富足、富有、快樂、有成就、慷慨、有創意、冷靜、放鬆。
- 享受這些感覺，把音量逐漸開到最大的一〇。體驗這些感覺時，你有何感受？讓感覺引領著你去到你必須去的地方。那些感覺就是你的路線圖，循著地圖走就能有所認知。
- 現在列出你每天／每週／每月／每年想體驗的四大情感，這就是你的使命。四大情感請寫在這裡：

1. ______________________

2. ______________________

3. ____________________

4. ____________________

第三步：當你處於心流狀態時，請回答下列問題。不要思考，盡快寫下答案。這就是你傳達使命的方式，交給你的高我掌控吧！

- 是什麼激勵了你？
- 是什麼吸引了你？
- 是什麼讓你振奮不已？
- 你不停想著什麼？
- 你的想法引領你去何方？
- 你看到什麼？聽到什麼？感覺到什麼？嚐到什麼？觸碰到什麼？
- 如果接下來可以想做什麼就做，那你會做什麼呢？還有別的事想做嗎？繼續不斷寫下去，寫得愈長愈好。
- 你有哪些技能可以點燃內心火焰？或者說，你想要擁有哪些技能來點燃心火？
- 你怎麼應用那些技能來表達自己？
- 應用這些技能帶給你何種感覺？

如果在其中一個問題卡住了，請自問：「假如我知道答案，那答案會是什麼呢？」

第四步：現在要結合前兩項步驟。

- 你想經常體驗的四大情感，以及你想透過工作表達的技能，兩者是否一致？
- 你能不能經由那些技能體驗到那些感覺？如果答案是否定的，請再度回答前述問題，直到你能透過目前的技能或打算學會的技能來產生心底最想展現的感覺。
- 最後，回想你真正對工作感到滿意的時候，你那時有沒有體驗到四大情感？沒有嗎？有意思。

你可以做一千件不同的事情，只要目標傳達出使命，就表示你肩負使命、快樂又與人連結。人生使命的形式和名稱並不重要，使命的名稱可以隨你取，也可以有許多不同的形式，其實我很鼓勵你採用不同形式。局限自己就等於是剝奪諸多經驗，無法更瞭解自己即將成為何種模樣。

我之所以還沒替自身的使命取名，是因為我的使命是要體驗自己的核心情感，例如冒險、慷慨、富足和可讓我成長的挑戰。至於我怎麼表達前述情感，這輩子可運用的方法五花八門，型態無以計數。若固定只以一種方法表達自己，真正的自我就會受到危害。請自問：

「我準備好讓使命自行展現了嗎？」只要你能大聲回以肯定的答案，就會頓時恍然大悟，你的使命顯而易見，耀眼奪目，而你自始至終都心知肚明。

等我明白這點，才終於獲得自由。我經歷的一切都累積在今日從事的工作裡。以前用電腦創作音樂，如今才有了技能可編輯出電影效果的影片。製作創業者的網路教育課程，則是助長了創意面，得以發展自己的品牌，自己也能持續學習。年輕時就研究健身，如今得以應用在這整個專案上，尤其是為期四週的 CrossFit 挑戰。寫作讓我能以各種困難的方式表達自己，帶給我富足感，還讓我慷慨提供實用資訊，他人可用以改善人生。近年來更是進一步免費幫助別人達到目標。

我表達四大情感時運用的媒介會持續進化。音樂的播放媒介從昔日的黑膠、卡帶、CD，成了今日的數位，但這並不表示音樂的核心有了根本上的改變。藝術經由藝術家傳達出來，這本質始終不變，只不過是表達音樂的媒介有所改變罷了。

只要我的目標傳達出自身的使命，那我就會覺得自己做的事情是注定要做的事。我很清楚，覺得偏離使命時，只需要問自己一個問題：「我是不是透過四大情感表達自己？」如果答案是否定的，那就該重新開機、重新思考了。或許可以構思一項符合四大情感的新專案，而且是採用令人振奮、未曾試過的全新方式。

使用漸進式超負荷，成為升級版的自己

人們最初意會到自己的情感是自身存在的核心、是其燈塔的引領之手，就會感到措手不及，突然陷入恐慌。**「萬一我做不到呢？」「我沒錢讓事業起步！」「我不知道自己有沒有能力做到那些必須要做的事！」**這些疑慮都是個人成長過程會有的一部分。第2章探討過如何防止反彈作用，免得被拋回舊有的常規和身分，此時，我們需要全新技巧，從中阻攔，該是漸進式超負荷上場的時候。

漸進式超負荷是訓練肌力時運用的技巧，亦即定期增加練習的重量、強度或時間長度，藉此刺激新肌肉的成長。循序漸進練習一段時間，讓身體有時間休息、復原、成長。一段時間後，身體會適應變化，漸進的增加不會導致身體系統受到衝擊，肌肉也不會實質受到損傷。我在進化成新身分時，也運用了同樣的技巧。以下是運作方式。

1. **選擇接下來的三大專案或目標：**我以十三週為期漸進實行，這段期間把精神集中在三大目標上。十三週的時間短得足以保持振奮，又不會久得失去動力。在這段過程專注從事三大目標，還算應付得了。我把三大目標細分成每週的小目標。

2. **找出你落實專案時所需消弭的「教育差距」：**舉例來說，網路行銷、公開演說、健康、安適感、寫作、創造產品、開始事業、改善關係。

3. **挑選教育資源：**為求消弭教育差距，搜尋熱門的播客節目、YouTube 影片、文字工作者、教育工作者和專家，然後列出參考清單。每天淋浴時、開車上班時、散步時，聽一個播客節目吧！報名參加網路課程或面對面課程。觀看 YouTube 影片，消弭知識差距，健身時可閱讀書籍或聆聽有聲書。隨時帶著筆記本，在外可以把想法快速寫下來，也可以使用手機的錄音應用程式，把想法錄下來。

這麼做了幾週或甚至幾個月，然後再開始進行專案。這樣就是讓大腦漸進式超負荷，學會那些強迫你成長的新資訊，進而做好實現專案／目標的準備。起初害怕自己不懂得怎麼邁向目標、獲致成果，可是消弭教育差距以後，恐懼頓時煙消雲散，藉口也逐漸消失，你不用施加意志力來克服恐懼，就能有所行動。這並不表示你以後不會偶爾害怕，但現在你有技巧可以處理恐懼。

4. **決定自己需要成為誰才能達到目標：**你需不需要有知識、有自主力量、有執行力、有信心、有自信、有動機、有動力？

5. **每天落實速捷想像法，讓大腦做好準備，朝整體方向邁進：**想像自己未來的模樣，想像自己達成目標，想像自己這一路上都輕鬆享受其中。想像自己可能會碰到的所有挑戰，並以有格調又優雅的方式有效地應對。這樣就能有所成長，順利成為更好的自己，還能讓心智做好準備，落實你需要做出的改變，不會一股腦兒把自己推出去面對，結果卻像回力鏢那樣回到起點。

拿我寫第一本書的情況來說吧！我每晚會站在鏡子前面，眼睛閉著，手裡拿著別人的書，想像那是我寫好的書，這樣做了幾個月才開始寫。我在心理上為眼前的工作做好了準備。

享受這樣的體驗吧！這是穩固期，接下來是擴張期，你要實際應用所學的一切。此時，你來到了轉捩點，要從舊有的自我跨入全新自我，拜漸進式超負荷所賜，這轉變感覺起來很自然又容易。

今天是什麼讓你快樂？

我看到屍體了！

二〇一七年二月，正值隆冬時節，我去紐約待了兩個月，感受一下住在這座精彩城市是何滋味。平安度過珊迪颶風後，就已曉得情況不一定盡如人意，但能實現畢生的目標，從澳洲搬到俗稱「大蘋果」的紐約市，我仍舊感到興奮不已。

有一天，我步行穿過布萊恩公園（Bryant Park）去買午餐，聽見公園另一面有多輛救護車的鳴笛聲沿街大響。我走回共享辦公室的路上，偶然看到那個已死的男人。五名救護員站在中年男子一公尺外，他臉朝上，躺在凍得發寒的地上，身子覆滿前一天落下的雪。他穿著灰色西裝，皮膚發青，臉上毫無血色。他們顯然已經放棄做心肺復甦術了。我花了好一陣子才把這畫面從腦海裡抹掉，死屍可不是每天都見得到的。

我們努力邁向目標時，總會有一些意想不到的情況，那些情況還可能還會妨礙我們的旅程。此時就要靠自己選擇適合的時機，到底是要往前追求目標，還是往後退，好好整頓自己。現在不一定是適合的時機。若時時處於「戰或逃」狀態，機能就無法正常運作，遑論訴諸直覺並相信一切順利。那狀態下做出的決定是出於恐懼，不是基於邏輯。

有時會面臨挑戰，此時就必須自問，繼續往前進到底值不值得？還是說，應該休息一下，重新開機？這問題的答案，就只有你一個人能回答。記住，老天庇佑的是勇者，可不是死者。值得用生命去追求的使命，不該讓你早一步踏進墳墓，該讓你自身存在的每個部分都獲得滋養。有時，使命會挑戰你、考驗你，甚至讓你崩潰。

不過，我只希望你能問自己一個問題：「今天是什麼讓你的靈魂感到快樂？」如果答案是休息，那就休息吧！如果答案是熱忱追求目標，那就去追吧！當你的腸道對你說，現在時機不適合，就別強迫自己去做事，將來會有好時機的。等一切水到渠成，不用強加意志力，就是好時機。我們的文化讚賞著那些拚命工作到最後垮掉的人，但我們需要的是依循內心直覺，不是為他人，而是為自己做出正確的決定。

此外，請謹記在心，現在該替你自己量身打造九十天身體駭客計畫了，看情況按自己的步調進行吧！

第10章

量身打造的身體駭客計畫——十三週讓你脫胎換骨

紐約的天際線終於清晰起來。我花了四年努力搬到曼哈頓島，終於簽了公寓租約。本書的結尾部分是在我極愛的建物裡撰寫，那是位於布萊恩公園的紐約公共圖書館（New York Public Library），距離我的租屋處走路只要十五分鐘。

我坐在沉重的木椅上，抬頭望去，這建物的華麗設計和悠久歷史令人驚詫不已，木工精巧、拱窗壯麗，就連碰上昏暗的白日，陽光仍盈滿室內，鼓舞著我成為更好的自己。每當意會到自己終於來到紐約市，我還是不由得捏捏自己，深怕是夢。不到十二個月前，我幾近心理崩潰；三個月前，差點連一篇通順的作品都寫不出來。

在那之前，我的健康出了問題，搬到大蘋果一事不斷延後。健康問題不但阻礙事業成長，還讓我無法上台演講，無法進行一對一的客戶諮詢，這全都是因為經常感到疲累沮喪所致。我沒了心理清晰感、專注力、動力，起了自殺念頭。

我成了防禦者，拚命想成為促成者。我的身分差距變大了，需要大量的意志力才能做出改變，重獲身心健康。在旅程的開端，我質疑起自身的能力，總覺得找不到答案。那些醫師永遠找不出確切的根本原因，提供的都是含糊不清的建議，不僅缺乏有力證據，也不太能開放心胸接納最新的研究。甚至更糟的是根本沒建議可對我說。

我開始懷疑自己不夠健全。如果所謂的專家都解決不了問題，那我又怎麼能解決？我的健康墜入谷底，我到底何德何能，可以撰寫各種健康主題？我在前述領域沒有任何證書資格，就只熟悉個人成長領域。不過，說來諷刺，我卻因此非常適合鑽研這範疇。

踏上這段旅程的人，很多走到半路就懷疑起自己，失去活力，忘了初衷，不知所措，找不出答案。生化狀態必須和根本的使命朝向同樣的方向，這樣才能徹頭徹尾活得一致，活得不受束縛。

在十三週期間，我必須快速接連不斷地去試試每種可能的選擇，同時還要確切指出哪些試過的辦法會帶來哪些結果。雖然我自身的經驗稱不上是嚴謹的學術研究或科學研究，也不是每個人都會獲得同樣的結果，但是在這樣快速的步調下，看到答案來得既猛又急，實在很有意思。假如我把檢驗和試驗的間隔時間拉長，結果會來得太慢，而我採取的行動與後續的成果（或毫無成果）之間的關係就連不起來了。

我會在一些領域有所進展，一些領域毫無進展，還失去動力和希望。如果某些領域不能和其他領域一起處理，就會拖累新發現的結果。我拚命想找出答案，擺脫不合適的醫療診斷，卻也累了。這問題我花了二十年以上的時間處理，可不想再多花二十年。我想要的更多，卻也知道必須訴諸長久的辦法。我知道你也想要更多，對吧？

十三週駭客任務的成果

十三週任務的目的是要運用身體駭客技巧，變得勢不可擋，而最大的一些改變遠遠超乎預期。如圖10.1所示，我的身材變了。在CrossFit挑戰的頭三十天，不只是增加肌肉，體脂也從一六％降至一三％，這數字我多年來都做不到。舉起的重量增加，從而也覺得更健康了。我逼自己舉更重，肌肉卻沒以前酸痛，而我在健身中心會有的心理障礙，也能更輕鬆突破了。

我處理以下問題：念珠菌、會引發念珠菌的噴霧劑、維生素D不足、腸道失衡等，於是再也不需要使用氣喘藥物。

圖 10.1　生理成果

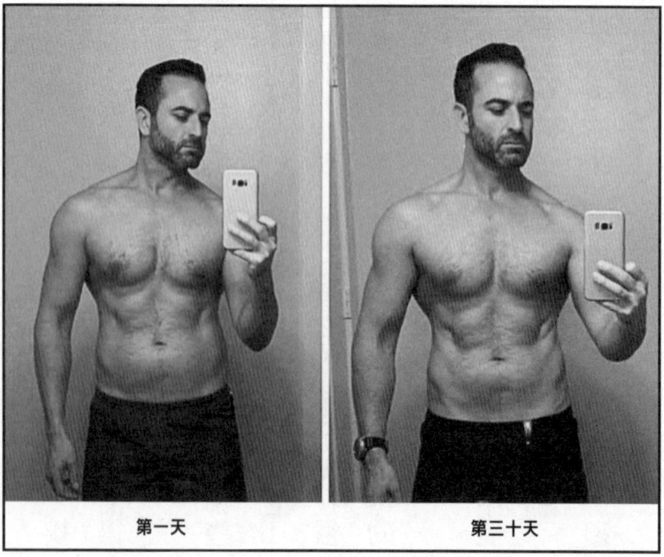

這成果令人意想不到，真正改變了我的人生。我以前無法正常呼吸就會感到焦慮，如今再也沒有那樣的焦慮。

直至今日，我的活力還是持續改善。就算累了，還是能把工作完成，不用施加意志力，也不會怪自己沒做得更好。四個月就寫完這本書，尤其還要引用無數研究並進行眾多訪談，就足以證明我新發現的心理清晰感和專注力有多高。我很容易就能進入先前未能達到的心流狀態，能以更快速的步調處理工作。

我覺得更貼近真實的自己，人際關係也變得更深刻、更有意義。我不再進入防禦狀態，不再擔心恐懼，不再半夜醒來，無法入睡。原先那種難以負荷的感覺已消失不見。我再度喜愛最後期限帶來的挑戰，不會覺得陷入泥沼。很多朋友都對我說，我現在風趣多了。他們看見我散發光芒，我二十五、六歲時也沒那麼閃耀。我意會到大半人生都浪費在經常疲勞和陣陣憂鬱的狀態，有時會因此情緒化起來，我會及時把這種感覺放下。

這個專案不同於我之前碰過的專案，既難受又很個人，令人難以置信。我更瞭解自己的身體，也知道自己覺得枯燥或疲累時，能確切找出具體的原因並修正路線。我能錄製每週影片，不用腳本，而且往往拍一次就行了。我振奮不已，這麼多年來第一次再度進行巡迴演講，我知道自己會記得所有需要說的內容。我知道自己能區分因和果，明辨到底是生化上還是心理上的挑戰在阻攔我，並據此採取行動進行修正，不會怪罪自己，從而獲得解脫。

最重要的一點，我不再感到沮喪，心情恢復正常狀態。如果有事情讓我措手不及，我能停下來，好好思考，不會開啟自保模式。我撰寫本書時，還利用當初試用過的穿戴式裝置，從而能掌控自身狀態。

這全都能改變嗎？當然了！每當我有所改變，每當我迎接新挑戰，人生也隨之改變進化。差別就在於我有工具可以從容處理一路上的阻礙。現在你也做得到！

成功案例

我跟身體駭客、腦神經學家、醫療主任、醫師、腸道／大腦健康專家進行無數對話以後，設計出十三週計畫，運用最優異、最全面的方法，採取身體駭客的技巧，變得勢不可擋。這計畫奠基於無數的討論、實驗和諮商，內容包含了醫學、心靈勵志、營養和療癒法方面的策略，因此才得以打造出涵蓋全部基礎、竭盡全力的計畫，而且無論你的起點在哪都適用。

最重要的一點，此計畫支持立基於證據的駭客做法，鼓勵你盡量向功能醫學醫師諮詢，引領你在這段旅程上繼續往正確方向前行。蒐集數據可說是身體駭客的核心所在，請接受易做的檢驗來驗證你的經驗，這樣才能找出哪些因素阻擋了你，致使現在模樣與未來模樣之間的差距無法消弭。

進行十三週任務並積極解決終生困擾著我的問題，使我得以用深刻獨特的方式，跟面臨同樣掙扎的人們產生連結。他們屏息看著我為求找出答案，而服用各種益智劑、訪談專家、戴上最新的穿戴式裝置。很多人也自願變成白老鼠試驗看看，不僅參與其中，還分享自身的經驗或其病患的成功案例。在此列舉一些案例。

憂鬱症患者

第5章曾短暫提及史蒂芬妮，我初見她時，她是防禦者。後來，她日常服用MCT油、益菌生、益生菌、酪胺酸，還從飲食中去除精緻加工的糖和碳水化合物，以求增強活力，於是情況很快有所轉變。有損判斷力的腦霧，消除了。多年宰制她人生、衰弱她力量的憂鬱，也克服了。

她發現腸內真菌過度生長的每種症狀她都有，這情況她以前從來沒想過，於是採行抗念珠菌飲食法，重置消化系統。（請注意，抗念珠菌飲食法不是人人都適合，因此務必要制定量身打造的計畫。）

史蒂芬妮說：「我在生活中落實抗念珠菌飲食法，還增加一些自己非常需要的營養補充品，之後就覺得有大幅的改善！『排毒』剛開始的疲累感過了以後，就覺得頭腦冷靜清醒許多，更能掌控情緒，焦慮感也減輕了。食物竟然會對心理狀態造成這麼大的影響。在生理上，也覺得狀態好了許多。比較不會脹氣，胃酸過多的感覺開始消失，晚上睡得比較好。做出這麼大的改變並不簡單，我不會假裝這很簡單。然而，對我而言，結果獲得的益處徹底勝過這過程中的辛苦！」

高血壓患者

我的終生摯友亞當（Adam）服用多種高血壓藥物，服藥後不到三個月就突然重了三〇磅（一三．六公斤）。亞當就跟史蒂芬妮一樣，成了防禦者，只是表現方式不同。高血壓藥物導致他變得昏沉、情緒化、沮喪，差點就要服用抗憂鬱藥來處理前述副作用，可是這樣會陷入惡性循環。

他諮詢功能醫學醫師，發現有其他根本原因影響血壓和情緒。醫師推薦他採行額外的營養補充法，於是他立刻著手。不到一週，我就在亞當身上看到差別。那幾個月來，他的聲音第一次聽起來機警又快樂。

他說：「我肯定不像前幾個月那樣冷漠了。現在我積極做一些事情，比如上週去了健身中心，請個人教練教了一堂課，還清出家裡的東西，拖延太久的事情都做了。」

亞當接受食物敏感檢驗以後，還發現自己對蛋類非常敏感。有這種情況的，不只亞當一人。一九七九年，有研究人員研究十五位高血壓患者對不同食物組合的反應，食物有小麥、蛋、乳製品、牛肉、柳橙、玉米、蔗糖和酵母菌。結果顯示，從飲食中去除前述食物後，受試者的血壓獲得調節。

同一研究還發現，偏頭痛者不吃會起反應的食物以後（偏頭痛經常是由食物過敏引發），偏頭痛也消失了。[1] 亞當這輩子常有強烈的偏頭痛，我問亞當，他覺得吃蛋有沒有可能引起偏頭痛？我看過他偏頭痛一發作就嘔吐，打電話請病假，待在床上好幾天，等偏頭痛消失。

他回答：「有可能！我做 CrossFit 時，每天都要吃兩顆到五顆蛋。平均每兩、三個月，偏頭痛就會半發作或全面發作。有時還害我連續好幾天動彈不得。停止採用那種飲食法，大幅減少蛋類攝取量，大概有一年都沒有偏頭痛！」

我寫這段話時候，亞當還在服用高血壓藥物，但藥物帶來的影響不像過去那樣嚴重，因為他已解決其他營養不良問題，以前正是這問題造成他疲勞和憂鬱。近幾週，亞當的血壓開始恢復正常，現在正在減少高血壓藥物的藥量。

焦慮症和憂鬱症患者

翠夏．霍森是有執照的臨床社工，在我經歷這段旅程時，更是重要的顧問，總是熱忱回答我提出的問題。她在此分享一位患者的故事。米伊是個性開朗、受過良好教育的五十歲女性，在好幾家大公司擔任財務長。經翠夏診斷，她患有焦慮症和憂鬱症。米伊接受認知行為療法，著眼於她日常生活會碰到的困難，但選擇不用藥。

翠夏表示，在療程中，雖然米伊能理解自身的行為和期望以及「失敗」（她是這麼稱呼的）之間的關聯，但對這層理解並不深入探究，反而一直怪罪自己。她明知改變對自己有益，卻毫無改變的動機和活力，持續依循「失敗的」人生經驗模式，嚴重到去年出現了自殺念頭。

翠夏說：「米伊看的家庭醫師對於她經常生病，對於她說自己不快樂、很憂鬱，這麼多年來都毫不在意。某個週末，米伊去診所看醫師，幸好是由思想開放的助理醫師負責治療，對方詳細記錄她的老毛病（呼吸問題、升糖指數），跟她談了維生素D的重要性，建議她接受檢驗，考慮每天服用維生素D。

米伊自行開始服用維生素D（一〇〇〇IU），說一週後就覺得不一樣了！她說，自己對人生所有層面的專注力都增強了，情緒上和生理上的活力也變高了。她跟原本的醫師約診，醫師同意檢驗她的維生素D濃度，但建議她停止服用維生素D，因為可能會導致肝臟受損。

米伊覺得自己的狀況好了許多，就沒有停止服用。檢驗結果顯示，她就算服用單位為一〇〇〇IU的維生素D好幾週，體內系統的維生素D還是少得可憐。於是，醫師建議她把劑量提高一倍！

接下來的幾週，米伊做到過去十年只能空想的一些事。她覺得自己在金融企業界很不快樂，便向雇主請辭，成立自己的公司。她覺得自己想搬到離家人近一點的地方，她之前跟家人切斷了感情上的聯繫。經過多年孤獨生活、自我隔絕後，她跟朋友重新聯繫，如今變得快樂許多，也更有信心。

「我繼續為米伊提供支援性的諮商輔導，看見她做出一些改變，光是每天服用維生素D這項改變就讓生活品質獲得改善，真的是叫人大吃一驚。現在，她在療程期間展現出的活力實在非比尋常，看待人生也比較不那麼自責了。以後，我決定要採納維生素D濃度評估，當作是患者狀況評估基準的一部分。」

整形患者

德莉亞．古爾（Derya Gul）這位來自澳洲墨爾本的朋友向來是健康典範，從來沒有重大健康問題。不過，二〇一七年六月，情況有所轉變。她說話含糊起來，還出現以下症狀：落髮、皮膚乾燥、提早老化、慢性疲勞、失眠、性慾低、原因不明的瘀血、間歇性聽力損失、腦霧、記憶喪失、肌肉疼痛無力、舌頭腫脹、眩暈、突發性的刺痛、憂鬱、焦慮，而且無法控制心情起伏。她是空服員，覺得是長時間工作疲勞所致，於是去看了家庭醫師。

她在臉書上分享自己經驗來提醒大家：

去看家醫沒什麼用。我接受第一輪的MRI、無止盡的血液檢驗、尿液檢驗、無止盡的生理腦神經檢驗，這全都是因為我出現多發性硬化症（Multiple Sclerosis, MS）的症狀。MRI結果顯示我的大腦白質有輕微變化（病變），但無法斷定是多發性硬化症。我的症狀不只是跟多發性硬化症一樣，也跟維生素D、B_{12}不足、乳房植入物疾病（Breast

Implant Illness, BII）的症狀一模一樣。

我怎麼樣也沒辦法向別人解釋自己的狀況，家人和另一半也不例外，他們都覺得我快瘋了。把我送去精神病房住院，可能還比較簡單吧！（雖然專業人士判定）不是疑似的診斷結果（乳房植入物疾病），但我不贊同專業人士的說法！我聆聽自己的身體！那很瘋狂，對吧？相信自己的直覺本能，不相信專業人士？我哪敢質疑他們的診斷和權威？他們有多年教育的背景，對吧？我才不要就此罷休！謝天謝地我沒罷休！

十八個月前，德莉亞接受乳房植入手術，動手術的整形醫師在歐洲信譽良好、備受矚目、技術高超。她想也沒想到，二〇一八年一月，乳房植入物害她進了皇家墨爾本醫院（The Royal Melbourne Hospital）的急診室。大腦腫瘤、中風和多發性硬化症的全部症狀，她全都有。經電腦斷層掃描（CT）確認，她沒有大腦腫瘤，但醫師還是覺得她可能輕微中風，或患有多發性硬化症。

德莉亞信任內心的直覺，她知道一定是乳房植入物在毒害自己。她堅持動乳房植入物移除手術，二〇一八年三月，乳房植入物移除了。

她說：「植入物惡化得很快，都變成黃色了，還有流血，外層碎裂，所以我才會有快死掉的感覺！移除植入物是我最棒的決定和投資，我得以重獲健康和人生！」

我寫這本書時，德莉亞正在邁向復原之路。她說：「我很樂觀也充滿希望，只要飲食和生活方式徹底改變，我的身體就會把毒素給排出去。」她提醒其他女性，要多注意自己的健康，還要信任內心直覺。德莉亞亟欲找出答案，救了自己的性命，而她願意分享自己的故事，更是能幫助其他同樣有創傷經驗的人。

你的計畫要量身打造

前述故事在在強調了以下這件事的重要性：「每個人、每項計畫都是獨一無二的。」要發揮巔峰表現能力，每個人採用的關鍵方法各有不同。有時我們必須摸索很多方法，才能找到適合的方法。因此，在制定計畫時，請把計畫視為原則，要留有轉圜的餘地，以便根據個人的渴望和需要，修正路線。

計畫並非固定不變的，計畫好比是一套指南，供你著手開始，更應隨著你的成長而有所進化。市面上的許多計畫很少考量到這點，卻聲稱要幫人在幾天內變得更健康、更聰明、更成功。我們建立結構並建議步驟，能更早指認出挑戰，立刻克服挑戰，同時還能處理自己在生化狀態上、在心理／心靈上的活力需求。採用這種做法，就能防止反彈作用，準備好做出長久的改變，並且找出是哪些不明因素在阻攔自己。

蛋引發亞當的偏頭痛，食物影響史蒂芬妮的情緒，維生素D不足是米伊起了自殺念頭的根本原因，有誰料得到這些呢？椰子害我好幾天鬱鬱寡歡，念珠菌過度生長導致極度疲勞，又有誰想得到呢？要不是有一套原則可以讓前述現象浮上表面，要不是有研究或診斷結果可以當成證據，前述發現就永遠難見天日。我們可以從所有做過的研究中獲得知識，卻不一定能連結原因和自身行為的關係。現在該把關係連結起來，透過數據和研究加以量化。這就是身體駭客的手法！

跡象就在那裡，只是沒有明亮的光線照著，我們要選擇掌握自己的想法和情緒，找出自己所需的資訊，這樣才能照亮前路。就算別人一開始就要我們斷念，或者說：「全都是你想像出來的。」此時還是要記住，一切都有可能。要改善健康並成為勢不可擋的促成者，各種因素都要納入考量。就連醫師有時也會犯錯。

十三週計畫不適合膽小鬼

如果你目前是防禦者或守護者，那麼前頭要走的路會是最長的，也會覺得這原則最為困難。然而，你跟我一樣，都是最需要這原則的，也會從這原則中獲益最大。疲勞感耗盡你的精神，情緒主宰你的生活，專注力不足阻礙了你，是時候要終止了。竭盡全力解決問題吧，這是你該做的。

有一點再強調也不為過，那就是務必諮詢功能醫學醫師或整合醫學醫師，他們會協助你好轉並找出先前忽視的原因。請運用第8章教的速捷想像法，擺脫掉礙事的懷疑或恐懼，讓心智準備好迎接前頭的改變。記得要對自己寬容點。先把「你和你的精神」以及生化失衡給區分開來，等生化狀態平衡了，再改善你和你的心理狀態。

我們都有狀況不好的時候。如果靈魂要往右轉，生化狀態想往左轉，那麼請承認這失衡的狀態，做些必須做的事，讓自己復原。由著這一波波的不適感襲來，直到不適感平息為止。只要你不再繼續抵抗，就不會以為問題全都是自己想像出來的，從而免除了壓力。請運用十三週原則，為身心靈魂徹底重新開機吧！

健康是專注力的核心所在，遠大的目標可以之後再進行，請先找出哪些根本原因害你病了。至於運動，請謹慎為之。運動有可能會導致發炎，如果身體因其他問題而無法恢復健康，那麼運動可能會引發新問題，還讓現有問題惡化。請跟醫師討論你適合的方法。

如果你是促成者或協調者，計畫的重點應該是對以下事項進行微調：體能、腸道健康、專注力、策略思考、活力和解決問題。你已做好完美的準備，可以試試自己從未做過的事。你的基本生化狀態已經跟上速度，或已在路上了，現在該要處理心理狀態，看看自己還能做些什麼。

透過靜觀來訓練大腦，在觀察到負面思考模式時阻斷模式，要自己做得更多。總有事情是你可以扭轉的，例如注意力、專注力和復原。為自己設立新的生理挑戰與心理挑戰，提高自我覺察，推動自己邁向未來。現在該要成為你日後要成為的人，該要付出心力和靈魂，轉變自己。

依序進行，量身打造

假如這整個流程要全部從頭開始，我會改變一些做法，請見下文摘述的計畫內容。具體來說，我會立刻接受實驗室測試，比如說，EverlyWell 的食物敏感檢驗、Thryve 的腸道微生物體檢驗。為什麼呢？如果懷疑自己的身心狀態受到食物敏感症、荷爾蒙或營養不良的影響，而去接受這類檢驗，有些檢驗要先經過醫師許可，再交由實驗室進行，可能要好幾週才會有結果。

幸好有EverlyWell、Thryve等公司，現在有了另一個選擇，在網路上就能訂購這類檢驗，然後在家中接受檢驗，保有隱私。EverlyWell這類公司正在擴展其所提供的檢驗數量，讓我們能自行掌握健康，擺脫掉許多醫師的判斷，找出事實，免得拖延到你的進度。

先接受檢驗，再開始做出改變，這點十分重要，這樣同一個問題再度發生的話，就會懂得怎麼修正路線，不用拚命釐清哪些做法行得通、哪些行不通。我把做出其他改變的時間往後延，以便先充分認識食物、腸道健康和心理狀態之間的相互作用。

有了充分的認識以後，一發覺自己狀況不好，就能設法回到正軌。基於這個理由，建議先接受所有檢驗，向醫師諮詢，再做出營養方面的改變。讓這計畫成為你所獨有，並視情況修訂。這只是我們建議採用的原則，你還是可以根據專家建議和自己的需求加以修改。

如何應用計畫

這計畫跟你以前試過的方法都不一樣，不僅很客觀，還有終生的益處，也不是花五分鐘快速修正問題。這計畫是要教你哪種做法最適合自己，不是盲目跟隨最新流行的建議。還有更好的一點，隨著身心健康研究的進展，你會確切瞭解自身狀況背後的原因，進而從中獲益。

若要充分利用，請謹記下列幾點：

- **觀察因果關係**：你吃的東西、服用的東西、做出的事情，哪些會導致失調？哪些會大幅提升表現？請一一記錄在日誌裡，日後碰到挫敗就能當成參考。盡可能蒐集大量資料數據。記錄健身情況，例如距離、時間長度和舉起的重量。詳細說明哪些東西會讓你感覺好些、更集中精神、更健康。把有用的改變全都列入每天／每週／每月的例行事項。
- **找出你的基準**：你的起點是什麼？對於你目前的活力、專注力、動力、動機、安適感，你會打多少分？記錄自己的基準，這樣才能在過程中追蹤進度。還要認識到一點，可能要等到營養補充品吃完了，或忘記做每天的心理排練，才會留意到諸多的健康益處。

史蒂芬妮一度很心煩，她跑來找我，說自己沒有進步。不過，等我們估量她一開始的狀況以及迄今的進展以後，她開心得臉都亮了起來。我們正在積極活出改變，所以不一定能看出改變。

- **不要一次全都做完：**多項實驗分開進行。分別測試各種營養補充品或改變，以便準確找出效用。沒錯，你可能會有安慰劑效應。然而，如前文所述，有可能要等到自己狀況沒那麼好時，才會發現自己沒留意到的益處。
- **擬定挫敗時要採行的計畫：**我進行這些實驗時，經歷許多挫敗，日後很可能還會碰到更多挫敗。請擬定步驟總清單，列出可讓你好轉的步驟，例如想像、靜觀、改善睡眠、營養補充品等。列出哪些做法對你有效，貼在冰箱上，這樣才會時時想起。最好是設定每週的行事曆提醒，對自己提問，例如：「你覺得怎麼樣？」「為了讓自己感覺好些，可以立刻採取哪些措施？」如此一來，就能提醒自己回到有自覺的創造狀態。

注意，你可能會經歷轉向。轉向是指檢驗結果可能引起疑慮並影響後續幾週的狀況，從而有所頓悟。請沉著應對，畢竟這些本來就是計畫中事。

- **規劃落實健身法的時機：**查看步驟，然後開始擬定工作清單，列出你在著手開始前需要安排的事項，例如跟醫師約診、訂購實驗室測試、購買營養補充品等，以便確保一切都能順利進行。我的工作清單不是最後一分鐘才倉促寫成，在開始日期前就已經先擬好了，準備在需要時試驗一番。

預算要求

我提過的穿戴式裝置和營養補充品，你需要馬上出門買齊嗎？答案是否定的，畢竟那些又不是全都適合你。其次，正如前文所述，建議不要一次嘗試所有東西，這樣才更能把成效給區分開來。先從基本的開始吧！給功能醫學醫師檢查，試試醫師推薦的營養補充品。然後，當你留意到有所改善，就以此為基礎，加以改進。

我那時的情況處於危急關頭，所以為求好轉，我做好了花光最後一分錢的打算。我那時再也無法清楚思考，所以經濟狀況陷入危險處境。我做好了放棄成功事業的打算，那可是我努力工作多年才累積來的成就。只要有營養補充品能幫我獲得勢不可擋的感覺，從而挽救我的事業，不管要付出多高的費用都很值得。

如果健康問題會讓你無法清楚思考、無法做出聰明的決定，就會對你的收入造成多年負面影響。因此，這過程不只是在投資生理的健康，也是在投資經濟的健全和心理的安適感。

簡短的計畫概要：十三週的三大階段

在第9章，你找出自身的使命，點亮自己的燈塔，制定的目標更是直接傳達出使命。現在該為自己加油，邁向成功之路。因此，我把這整個計畫細分成十三週的三大階段。有幾週會比較辛苦，但各週都是奠基於前幾週的情況，以便更瞭解自己的大腦和身體。

第一週至第四週：偶然的身體駭客（生化活力）

首先，接受「身分差距」自我評量測驗，以便深入瞭解自己目前處於哪個身分。其次，觀察以下三者的關係：食物、心情、為了變成偶然的身體駭客而服用的藥物（我也是這麼做的）。最後，觀察哪些生理疼痛可能有礙生理層次或心理層次的表現。

第五週至第八週：巔峰表現心理（心理活力）

第二個月，升級心理活力，方法如下：大幅改善腸道健康，攝取健康的脂肪替大腦加油，去除嘴饞感，想像自己未來的模樣，實驗間歇式斷食法。目前為止，間歇式斷食法是最簡單的飲食法之一，我會說明方法。此外，還要根據醫師或其他醫療人員給你的檢驗結果，開始依照他們的建議進行，並且從飲食中逐步移除精緻加工食品，免得影響到認知與活力值。

第九週至第十三週：必然的駭客（心靈活力）

最後，第三個月，你會變成身體駭客。你已做好萬全準備，因此提高運動強度，比平常更努力督促自己（除非醫師另有建議）。你採取「每週吃一次作弊餐」的飲食法，這樣就不會覺得在限制自己，還會開始應用「阻斷常模」，終止所有損及自我的行為。在最後一週，你會反省至今的旅程，觀察你發現的現象，擬定「總清單」，好加到日常事項裡。

十三週身體駭客計畫

現在更詳細探討此健身法的細節吧！三三一頁圖表10.2是便利的檢核表／評量表，逐一說明整個過程。

如你所見，此健身法很全方位，凡是會對我們的感覺、我們的行為、我們要成為的模樣造成影響的所有層面，全都照顧到了。此健身法是完整的全貌，不是拼圖裡的一片。隨著你開始踏上旅程，藉由腦神經學、身體駭客、心理學揭露身心的內部運作，此健身法自會填補空缺之處。

為了增加成功機率，每週六和週日，在日誌裡記錄下一週的計畫，把下一週的工作細分成每天要做的簡單步驟。為求節省時間，請在網路上訂購營養補充品和特定檢驗，這樣就不用諮詢醫師。在一天的結尾，觀察自己有何感覺，記錄當天吃的東西，並且註明那食物是提供你營養，還是耗盡你的精力。

如果發現自己突然暴怒或從事損及自我的行為，請記錄下來。但還不要逼自己改變。第一步是觀察，第二步是判定行為發生的原因。到底是習慣使然？還是吃了糖、精神亢奮、陷入昏沉後造成的？對於會讓你表現失常的食物，你會不會起反應？（就算是幾天後才起反應也算。）從這類細微的差異，就能明白哪些做法適合自己。

圖表 10.2 你的駭客攻擊計畫

第一週至第四週：偶然的身體駭客（生化活力）

第一週：自我評量／觀察

- ☐ 為了達到第 9 章確立的三大目標，你這週會做什麼？
- ☐ 請至 www.areyouunstoppable.com，找出你目前的身分。
- ☐ 每天觀察自己的情緒，請以〇分到一〇分打分數。下列特徵為評分標準：活力、心情、動機、動力、集中力。
- ☐ 追蹤睡眠品質，請以〇分到一〇分打分數。〇分：根本沒休息；一〇分：充分休息又機警。
- ☐ 觀察自己需要運用多少意志力才能撐過每一天。需不需要催自己完成某些工作？如果答案是肯定的，為什麼？你很累嗎？
- ☐ 如果你懷疑有根本的生理原因影響自己的心情，請去看功能醫學醫師，接受全面的健康檢查。

- ☐ 如果你懷疑食物敏感症、腸道健康或荷爾蒙影響到活力值和專注力，請進行建議的檢驗。請至www.areyouunstoppable.com。建議第一週就進行，畢竟有些檢驗可能要幾週後才會有結果。根據你做得到的事情和能做的時間點來制定預算。這是你的計畫，請為自己量身打造。

第二週：食物、心情、藥物

- ☐ 為了達到第9章確立的三大目標，你這週會做什麼？
- ☐ 列出你正在服用的所有藥物，觀察自己在服用每種藥物後的心情變化或認知變化。如果是長期服藥，可能不會意識到自己已受到藥物影響。請向功能醫學醫師詢問藥物的副作用，並且找出原症狀的根本原因，看看有沒有可能不服藥。未經醫師諮詢，請勿自行停藥。
- ☐ 有沒有任何藥物會在合併服用後導致副作用？
- ☐ 列出你正在服用的所有營養補充品。對於你必須服用的藥物之成效，營養補充品會不會造成影響？
- ☐ 營養補充品對你是不是很有效？
- ☐ 觀察自己在進食後的心情變化。是感到機警還是疲勞？你吃了什麼？是高糖分、精緻碳水化合物，還是飽和脂肪？
- ☐ 你一天中的活力高峰是什麼時候？

- ☐ 你一天中的撞牆期是什麼時候？是不是跟你吃進的食物一致？還是這是你自然晝夜節律的一部分？

第三週：專注力、動力、動機

- ☐ 為了達到第9章確立的三大目標，你這週會做什麼？
- ☐ 接下來七天，請以〇到一〇分，替自己的認知狀態和情緒狀態打分數，找出以下哪些領域需要改善：
  - ☐ 思考速度
  - ☐ 決策能力
  - ☐ 記憶
  - ☐ 心理清晰感
  - ☐ 決策疲勞
  - ☐ 心情
- ☐ 觀察藥物、食物、睡眠、壓力之間的關係，找出哪些關係會影響你的表現能力，讓你覺得狀況不佳。

第四週：打開成功大門

□為了達到第9章確立的三大目標，你這週會做什麼？

□這週要觀察自己身體的感覺。（例如是否脹氣、抽筋、腹瀉、肌肉酸痛或僵硬、頭痛、疲勞、失眠、臉部潮紅、起疹子等）在一天的結尾寫下你觀察到的現象，好壞都要寫，每天都要寫。這樣就能察覺到有沒有任何小病痛可能會變成新的常態。

□如果你覺得前述任一種症狀是某些食物所引發，請把這類食物記錄下來，例如人工甜味劑、精緻碳水化合物、糖、人工香料、人工色素等。

□一整天下來，你有沒有強烈的嘴饞感？

□你的活力值、專注力、心情如何？請以〇分至一〇分打分數。

□追蹤睡眠品質。可以的話，請購買高品質的穿戴式裝置（例如 Oura）來收集數據。不然的話，除非進行睡眠研究，否則無法取得睡眠數據。

第五週至第八週：巔峰表現心理（心理活力）

第五週：改善腸道，升級心智

□為了達到第9章確立的三大目標，你這週會做什麼？

□你在上一週觀察到自己產生哪些變化？你的活力、專注力、清晰感、動機、動力如何？什麼是你可以改善的？

□服用醫師配方益生菌（例如：Garden of Life）；或者，如果你已接受 Thryve 腸道健康檢驗，請開始每天服用量身打造的益生菌。完成十三週計畫以後，還是需要繼續服用益生菌。

- ☐ 如果你已經看了醫師，請開始遵照醫師建議，服用日常營養補充品（例如：鎂、維生素 B_{12}、維生素 D 等）。請詢問醫師，你是否需要繼續服用這類營養補充品。
- ☐ 請加入更多的益菌生，當成日常服用的補充品，有益腸道規律。我服用的品牌是 Garden of Life。
- ☐ 如果你已收到食物敏感症的檢驗結果，請開始從飲食中剔除問題食物。你可以在之後的階段再重新食用這類食物。請遵照檢驗結果的建議或醫師的建議。如果還是會起反應（像我就還是會對椰子起反應），請一律忌口。

第六週：以健康脂肪替大腦加油並拋開嘴饞感

- ☐ 為了達到第 9 章確立的三大目標，你這週會做什麼？
- ☐ 你在上一週觀察到自己產生哪些變化？你的活力、專注力、清晰感、動機、動力如何？什麼是你可以改善的？
- ☐ 開始在下午三點左右補充 MCT 油，繼續服用益菌生，防止嘴饞感出現。
- ☐ 開始從飲食中去除加工糖和碳水化合物，替代成健康的脂肪和油，亦即橄欖油、酪梨油等。
- ☐ 查看你吃的食物上面的標籤。留意優格、麵包、你每天食用的其他食物含有多少糖分。什麼是更健康的選擇？

- ☐ 重看第6章的益智劑清單，開始自我實驗。觀察自己對益智劑的反應，記得要輪流替換，這樣身體才不會產生習慣，正面作用才不會降低。
- ☐ 盡量購買有機農產品，降低食物毒素攝取機率。

第七週：想像自己未來的模樣

- ☐ 為了達到第9章確立的三大目標，你這週會做什麼？
- ☐ 你在上一週觀察到自己產生哪些變化？你的活力、專注力、清晰感、動機、動力如何？什麼是你可以改善的？
- ☐ 開始進行每天的想像力練習。如果你已經處於促成者、協調者或守護者的模式，請提早開始進行此階段。若是處於防禦者模式，心理活力有限或極端起伏不定，要做想像力練習可能會很困難，就盡力而為吧！每天運用速捷想像法，讓自己做好面對一整天的準備，看見自己不斷改善、大笑、微笑。請至此網站下載速捷想像法：www.areyouunstoppable.com。
- ☐ 根據你按醫師建議所做的檢驗結果，繼續做出改變。

第八週：以間歇式斷食法提升清晰感

- ☐ 為了達到第9章確立的三大目標，你這週會做什麼？

- [ ] 你在上一週觀察到自己產生哪些變化？你的活力、專注力、清晰感、動機、動力如何？什麼是你可以改善的？
- [ ] 為了增加活力值、提高專注力、改善認知度，建議採用八：十六小時的間歇式斷食法。進食八小時，禁食十六小時，大部分的人都很容易做到。我中午開始進食，晚上八點開始禁食。我會容許一些彈性。你可以按自己的生活習慣調整進食／斷食時段。有個很棒的應用程式叫做 BodyFast，可用來追蹤間歇式斷食法，有 Android 版與 iOS 版。
- [ ] 繼續服用營養補充品，繼續從飲食中剔除會導致心力耗盡的食物。找出替代品。比如下午三點左右的零食不吃洋芋片和瑪芬蛋糕，改吃堅果和水果。

第九至十三週：必然的駭客（心靈＋生理活力）

第九週：升級身體

- [ ] 為了達到第 9 章確立的三大目標，你這週會做什麼？
- [ ] 你在上一週觀察到自己產生哪些變化？你的活力、專注力、清晰感、動機、動力如何？什麼是你可以改善的？
- [ ] 選定一項適合自己的全新健身計畫；如果你已有舊的健身計畫，只是經過一段時間後變得停滯，請修訂計畫。到了此時，你的活力應該已經增加，心理耐力已獲得改善，心情也變得穩定起來。請充分利用這點，並經由運動來推動下一個進化階段。

❑ 如果你覺得很難持續健身，請將運動納入每天的想像力練習，這樣心智就會做好運動的準備。

❑ 繼續服用推薦的營養補充品並落實乾淨飲食法。

❑ 你對於自己、對於自己的目標有何感受？

第十週：每週吃一次作弊餐

❑ 為了達到第9章確立的三大目標，你這週會做什麼？

❑ 你在上一週觀察到自己產生哪些變化？你的活力、專注力、清晰感、動機、動力如何？什麼是你可以改善的？

❑ 每週挑一餐當成作弊餐。九五％的時間吃得健康，允許計畫要有彈性，這樣才不會覺得處處受限。

❑ 繼續服用推薦的營養補充品，並落實乾淨飲食法，直到這做法成為人生的一部分為止。

❑ 每天繼續進行想像力練習，讓心智做好準備，以便不斷獲得成功。

第十一週：阻斷負面模式，擺脫舊有自我

❑ 每天繼續進行想像力練習，如二七五頁所述。在腦海裡看見自己未來的模樣，盡力用多種次感元去觀察，藉此放大作用，鎖定你所需的行為改變。

- □ 繼續進行每天的靜觀練習，一次十分鐘。一開始先集中精神在呼吸上，讓想法自然而然浮現。
- □ 請自問：「我的靈魂今天想帶我去哪裡？」聆聽內在的聲音及其指引。
- □ 為了達到第9章確立的三大目標，你這週會做什麼？
- □ 你在上一週觀察到自己產生哪些變化？你的活力、專注力、清晰感、動機、動力如何？什麼是你可以改善的？
- □ 找出這週想消除的三大損及自我的行為。你一察覺自己在做這類行為，請改變狀態，起身到處走走，播放一張帶來信心的專輯，或者能中斷模式的傻氣歌曲。預算允許的話，請在行為發生前或發生期間使用TouchPoints，這樣就能改造心智狀態。
- □ 繼續落實乾淨飲食法，繼續補充MCT油與醫師建議的營養補充品。

第十二週：找出步調，增加生產力

- □ 為了達到第9章確立的三大目標，你這週會做什麼？
- □ 你在上一週觀察到自己產生哪些變化？你的活力、專注力、清晰感、動機、動力如何？什麼是你可以改善的？
- □ 這週要觀察自己一天中哪個時段最有生產力。
- □ 這週的哪幾天會覺得充分休息到了？充分休息的那幾天，是何時睡覺、何時起床？

- ☐ 一週裡的哪幾天最有生產力？把最重要的專案安排在生產力最高的那幾天，列為第一優先要務。
- ☐ 觀察自己的呼吸。如果呼吸很淺而你也意識到這點，請暫時停下來，開始深呼吸。如果你跟我一樣都需要阻斷常模，建議取得 Spire 追蹤裝置，它會振動，讓你察覺到呼吸會對專注力造成何種影響。

第十三週：善用身體駭客技巧

- ☐ 為了達到第 9 章確立的三大目標，你這週會做什麼？
- ☐ 你在上一週觀察到自己產生哪些變化？你的活力、專注力、清晰感、動機、動力如何？什麼是你可以改善的？
- ☐ 請至 www.areyouunstoppable.com/week13quiz，找出自己目前的身分並查看進度。
- ☐ 在這段旅程期間，你對自己有何發現？
- ☐ 什麼做法對你有決定性的作用並推動你邁向正面方向？
- ☐ 你覺得什麼做法行不通？
- ☐ 你會改變什麼做法？
- ☐ 你會以什麼做法當成正常生活的一部分？
- ☐ 你覺得哪些改變最為困難？為什麼？
- ☐ 為了讓這些改變容易些，你會做什麼？

□ 為了讓這些改變容易些，你是不是運用了營養補充品、想像力練習、益智劑？

我以後會不會繼續落實這個計畫？答案是肯定的，而且每次我都會依照自己所處的更高狀態來改進計畫，採用漸進式超負荷的方法，激勵自己獲得新的成長。計畫不只是可以提升，是必須要提升才行。科技和科學時時刻刻都在進步，那些有助我們變成身體駭客的裝置只會變得更加完善。

我們即將跨入健康革命的時代。戴夫・亞斯普雷、林理查、丹尼爾・施馬騰伯格、茱莉亞・齊克、法蘭西斯醫師、翠夏・霍森等人負責帶頭衝鋒，他們是其工作成果的鮮活化身，還把自己的工作成果跟世界各地數百萬人分享。我們會繼續利用一些可改進自己的全新方式，深入瞭解身體與大腦。因我們個人進化所需而出現的身分差距，我們都會逐一消弭。

結語

變成身體駭客，你比自己所知的還要強

我的人生經由這些方式而有所轉變，這是我未曾想過的。我自以為某些做法能為我帶來最大的突破，但這樣的設想經證明是不對的。困擾我一輩子的問題，竟然是以我覺得不可能的方式獲得解答，而且對於自己、對於自己的身體，也覺得比過去多年更穩定又有信心。而我在寫這段話的時候，突然有了最意想不到的啟示。

我頓時懂了，一年前，澳洲那炎熱的一天，我瀕臨全面崩潰邊緣，而那不只是我想像出來的，我不僅沮喪，也疲累不堪。我病了，我需要援助。我總是以為自己只需要找出合適的人員，就能把我給修好，讓我好轉，找回我的動力。我確實找到合適的人了，只是那個人不是醫師，那個人是我自己。我對專業人士太過有信心、太過信任，沒有質疑他們的診斷。我沒有為自己挺身而出。我意識到自己在狀況最糟時是沒辦法做到的，我所處的認知狀態不適合去做。

同理，有無數人也跟我一樣。在這段旅程，我非常幸運，也意識到很多人可能沒那麼幸運。因此，我竭盡全力，設計出全方位又經過完善研究的解決辦法，不僅能變成身體駭客，不僅能消弭現在模樣和未來模樣之間的差距，還能在跌倒的時候相互扶持。該把心中的定見給拋開，別再指責別人找藉口，請挖掘出阻止我們變成注定要成為的促成者的原因。這不僅是個人層次的範疇，更是全球層次的範疇。

因此，如果你恰好發現自己陷入颶風，困在加拿大，瀕臨崩潰，或準備有所突破，希望你重新看看自己的身分差距，這樣不僅能找回自己，也能找回自己的人生。你比自己所知的還要更有能力，你該要明白了。

誌謝

假如沒有無數人們激勵我完成這本大書，沒有他們不斷給我鼓勵、愛、支持，這項龐大的工程不可能成真。有些人發現自己受到健康專業人士的忽視，有些人缺乏實現靈魂使命所需的活力或支持而感覺不佳，而我撰寫本書的目的就是幫助這些人，你們促使我對自己、對醫療界的要求更高。

感謝父母長久以來不斷鼓勵我、支持我，父母永遠是我的英雄和道德典範，為我所做的一切提供方向指引。非常感激強納森，他一直陪在我身邊，共同處理那些彷彿永無終止的健康問題。有了你的愛、支持、耐心，本書才得以面世。

謝謝所有接受訪談的專家，對於每一位專家，我再怎麼言謝也不為過。你們塑造出《學矽谷人做身體駭客，保持體能巔峰》鼓勵我，激發我去為我的問題找出答案。感謝你們付出時間心力，挖掘出真正的健康本質，並分享你們自己的戰疤，讓別人從你們的故事中獲得啟發。你們每個人提出的見解會改變無數的人生，你們每個人挑戰的極限是少有人膽敢放手去做的。

謝謝戴夫・亞斯普雷啟發我踏上這段旅程，拜讀你的大作《防彈腦力》，我覺得自己在這場戰役中並非孤單一人，也點燃了我心中的熱情，得以在快要撒手放棄時，仍能繼續往前邁進。你對這世界帶來的影響之大，令人為之驚嘆。你對眾多人生帶來的影響之深，可能是你未曾充分領會到的。你的功績鋪了路，他人得以跟隨你的足跡前行，真正長久的改變得以發生。

特別感謝我當年的鄰居、現在的終身友人黛比・何曼，不僅熱忱想要瞭解及參與我進行的身體駭客實驗，還幫忙編輯本書並進行研究調查。我們展開無數次的對話，造就出本書現在的樣貌。

謝謝這段旅程上分享智慧、愛、歡笑的所有獨特人們：翠夏、翠西、瑞克、理查、佳亞、史蒂芬妮、史考特、瑞奇、狄恩、艾施莉、德莉亞、克莉絲蒂、瑪莉－韋伯、柯特（Colt）、霍華（Howard）、泰瑞莎（Teresa）、史蒂夫（Steve）、瑪莉莎（Melissa）、麥特（Matt）、珍妮奇（Jeneche）、雪倫（Sharon）、麥可（Michael）。沒有你們每個人的幫助，本書不可能面世。你們每個人對我的人生帶來的影響之大，是你們未曾知曉的。

謝謝經紀人麥可・史莫本（Michael Smallbone）全心全力支持並協助我前往美國！

非常感謝《企業家》雜誌團隊堅定支持，讓這整個專案得以成真。你們對我的信心和信任，使得這龐大的工程短時間內就能完成，再怎麼言謝也不為過。你們張開雙臂歡迎我，還展現極致的專業精神，致力讓這本書做到真正的獨一無二。你們改變了人生！謝謝編輯和事實查核員對本書付出不懈的努力，確保內容精確無誤。你們每個人不吝付出，我永遠感激不盡，你們是促成本書面世的無名英雄。

非常謝謝摯友和撰寫這本書的隊友亞當．薛弗（Adam Shepherd），你在背後付出不懈的努力，使我得以從事自己喜愛的工作，同時還能幫助別人。他是最忠誠的友人，最盡心盡力的隊友，每天都帶給我啟發。

最後要謝謝你這位讀者，謝謝你挑選本書。希望本書在你面前展現出那些可能成真的事，無論你的起點在哪裡，都能有所成就。是你促使我投入目前的事業。

參考文獻

第1章

1. Eva Ritvo, "Facebook and Your Brain: The Inside Dope on Facebook," *Psychology Today*, May 24, 2012, www.psychologytoday.com/us/blog/vitality/201205/facebook-and-your-brain.
2. Deane Alban, "Dopamine Deficiency, Depression and Mental Health," Be Brain Fit, https://bebrainfit.com/dopamine-deficiency/.
3. Deane Alban, "Serotonin Deficiency: Signs, Symptoms, Solutions," Be Brain Fit, https://bebrainfit.com/serotonin-deficiency/.
4. "Stress Effects on the Body," American Psychological Association, www.apa.org/helpcenter/stress-body.aspx.
5. "Stress Symptoms," WebMD, July 11, 2017, www.webmd.com/balance/stress-management/stress-symptoms-effects_of-stress-on-the-body#2.
6. R.J. Wurtman, "Brain serotonin, carbohydrate-craving, obesity and depression," November 3, 1995, www.ncbi.nlm.nih.gov/pubmed/8697046.

7. "Prefrontal Cortex," GoodTherapy.org, www.goodtherapy.org/blog/psychpedia/prefrontal-cortex.

8. Halo Neuroscience, "Department of Defense Selects Halo Sport to Train Special Ops Forces," August 4, 2016, https://blog.haloneuro.com/department-of-defense-selects-halo-sport-to-train-special-ops-forces-e0fd3b8d8c6a.

第一章

1. Will Oremus, "What Controls Your Facebook Feed," January 3, 2016, www.slate.com/articles/technology/cover_story/2016/01/how_facebook_s_news_feed_algorithm_works.html.

2. Shai Danziger, Jonathan Levav, and Liora Avnaim-Pesso, "Extraneous Factors in Judicial Decisions," *PNAS*, April 26, 2011, www.pnas.org/content/108/17/6889.

第二章

1. Farzin Irani et al., "Is Asthma Associated With Cognitive Impairments? A Meta-Analytic Review," PubMed.gov, December 2017, www.ncbi.nlm.nih.gov/pubmed/28325118.

2. "Reviews for Ventolin," Ask a Patient, accessed June 25, 2018, www.askapatient.com/viewrating.asp?drug=18473 &name=VENTOLIN.

3. "Cancer Can Be Killed," https://cancercanbekilled.com/.

4. Andrew H. Miller et al., "Cytokine Targets in the Brain: Impact on Neurotransmitters and

Neurocircuits," PubMed Central, March 6, 2013, www.ncbi.nlm.nih.gov/pmc/articles/PMC4141874/.

5. David Peterson, "Have You 'Weathered' a Cytokine Storm?" Wellness Alternatives, October 11, 2012, https://livingwellnessblog.wordpress.com/2012/10/11/have-you-weathered-a-cyto-kine-storm/.

6. David Scheiderer, "5 Reasons You Should Have Your Neurotransmitter Levels Measured," Integrative Psychiatry, March 8, 2017, www.integrativepsychiatry.net/blog/5-reasons-you-should-have-your-neurotransmitter-levels-measured/.

7. Andrew H. Miller et al., "Cytokine Targets in the Brain: Impact on Neurotransmitters and Neurocircuits," PubMed Central, March 6, 2013, www.ncbi.nlm.nih.gov/pmc/articles/PMC4141874/.

8. "Asthma Statistics," American Academy of Allergy, Asthma & Immunology, www.aaaai.org/about-aaaai/newsroom/asth- ma-statistics.

9. Chris Elkins, "Hooked on Pharmaceuticals: Prescription Drug Abuse in America," Drugwatch, April 18, 2018, www.drugwatch.com/news/2015/07/29/drug-abuse-in-america/#sources.

10. Gina M. Florio, "Signs Hormonal Birth Control Is Messing With Your Mental Health," *Bustle*, January 25, 2017, www.bustle.com/p/signs-hormonal-birth-control-is-messing-with-your- mental-health-32894.

11. Melinda Wenner, "Birth Control Pills Affect Women's Taste in Men," *Scientific American*, December 1, 2008, www.scientificamerican.com/article/birth-control-pills-affect-womens- taste/.

12. "Requip Highlights of Prescribing Information," GSK Source, February 2018, www.gsksource.com/

pharma/content/dam/GlaxoSmithKline/US/en/Prescribing_Information/Requip/pdf/REQUIP-PI-PIL.PDF.

13. "Mental Illness or Caffeine Allergy?" Hippocrates Health Institute, September 10, 2012, https://hippocratesinst.org/mental-illness-or-caffeine-allergy.

14. Martin G. Bloom, "92% of U.S. Population Have Vitamin Deficiency. Are You One of Them?" The Biostation, February 3, 2014, https://thebiostation.com/bioblog/nutrient-iv-therapy/do-you-have-vitamin-deficiency/.

15. Bloom, Ibid.

16. Megan Ware, "What Are the Health Benefits of Vitamin D?" *Medical News Today*, November 13, 2017, www.medicalnewstoday.com/articles/161618.php.

17. Kimberly Y.Z. Forrest and Wendy L. Stuhldreher, "Prevalence and Correlates of Vitamin D Deficiency in U.S. Adults," PubMed. gov, January 2011, www.ncbi.nlm.nih.gov/pubmed/21310306.

18. Rolf Jorde et al., "Effects of Vitamin D Supplementation on Symptoms of Depression in Overweight and Obese Subjects: Randomized Double Blind Trial," Wiley Online Library, November 11, 2008, http://onlinelibrary.wiley.com/doi/10.1111/j.1365-2796.2008.02008.x/abstract.

19. Maya Soni et al., "Vitamin D and Cognitive Function," PubMed. gov, April 2012, www.ncbi.nlm.nih.gov/pubmed/22536767.

20. E. Wehr et al., "Association of Vitamin D Status With Serum Androgen Levels in Men," PubMed.gov, August 2010, www.ncbi.nlm.nih.gov/pubmed/20050857.

21. Chuen-Ching Wang et al., "Testosterone Replacement Therapy Improves Mood in Hypogonadal Men—A Clinical Research Center Study," *The Journal of Clinical Endocrinology & Metabolism*, October 1, 1996, https://academic.oup.com/jcem/article/81/10/3578/2649928.

22. David Perlmutter, "The Vitamin That May Save Your Brain," DrPerlmutter.com, www.drperlmutter.com/vitamin-d-just-bones/.

23. "Sensitive Gut: Managing Common Gastrointestinal Disorders," Harvard Health, November 7, 2016, https://saludmovil.com/sensitive-gut-gastrointestinal-disorders/3/.

24. "The Gut-Brain Connection," Harvard Health Publishing, www.health.harvard.edu/diseases-and-conditions/the-gut-brain-connection.

25. "Hormone-Replacement Therapy May Prevent Age-Related Declines in Cognitive Functioning," *Medical News Today*, December 3, 2013, www.medicalnewstoday.com/releases/269579.php.

26. Mary Elizabeth Dallas, "Testosterone May Protect Men From Allergic Asthma," MedicineNet.com, May 9, 2017, www.medicinenet.com/script/main/art.asp?articlekey=203446.

27. Joseph Mercola, "The Links Between Your Diet and Hormone Levels, and How Estrogen May Protect You Against Dementia," Mercola.com, February 23, 2014, https://articles.mercola.com/sites/articles/

archive/2014/02/23/hormones.aspx.

28. Madeline Vann, "1 in 4 Men Over 30 Has Low Testosterone," ABC News, September 13, 2007, https://abcnews.go.com/Health/Healthday/story?id=4508669&page=1.

29. Randy A. Sansone and Lori A. Sansone, "Allergic Rhinitis: Relationships With Anxiety and Mood Syndromes," PubMed Central, July 2011, www.ncbi.nlm.nih.gov/pmc/articles/PMC3159540/.

30. Kayleigh Lewis, "Hayfever Drugs Could Reduce Brain Size and Increase Risk of Dementia and Alzheimer's, Study Says," *The Independent*, April 19, 2016, www.independent.co.uk/life-style/health-and-families/health-news/hayfever-drugs-reduce-brain- size-risk-dementia-alzheimer-s-a6991281.html.

31. Zen Vuong, "New Research: Increased Air Pollution Linked to Aggressive Behavior in Teens," USC Environmental Health Centers, December 13, 2017, http://envhealthcenters.usc.edu/2017/12/air-pollution-linked-to-bad-teenage-behavior.html.

32. Roger D. Masters, "Acetylcholines, Toxins and Human Behavior," *Journal of Clinical Toxicology*, May 25, 2012, www.omicsonline.org/acetylcholines-toxins-and-human-behavior-2161-0495.S6-004.php?aid=7795.

33. Glenda N. Lindseth et al., "Neurobehavioral Effects of Aspartame Consumption," PubMed Central, September 27, 2017, www.ncbi.nlm.nih.gov/pmc/articles/PMC5617129/.

34. Mohamed B. Abou-Donia et al.,"Splenda Alters Gut Microflora and Increases Intestinal P-Glycoprotein

and Cytochrome P-450 in Male Rats," PubMed.gov, September 18, 2008, www.ncbi.nlm.nih.gov/pubmed/18800291.

35. Amy Westervelt, "Phthalates Are Everywhere, and the Health Risks Are Worrying. How Bad Are They Really?" *The Guardian*, February 10, 2015, www.theguardian.com/lifeandstyle/2015/feb/10/phthalates-plastics-chemicals-research-analysis.

36. "The Science of Breathing," Spire, https://spire.io/pages/science.

第四章

1. "HVMN Ketone," HVMN, https://hvmn.com/ketone.

2. Sue Hughes, "Boosting Brain Ketone Metabolism: A New Approach to Alzheimer's," Medscape, August 3, 2017, www.medscape.com/viewarticle/883743.

3. Louise Hendon, "What Are the Optimal Ketone Levels for a Ketogenic Diet?" The Keto Summit, https://ketosummit.com/optimal-ketone-levels-for-ketogenic-diet.

4. Joseph Mercola, "Magnesium—A Key Nutrient for Health and Disease Prevention," Mercola.com, December 28, 2015, https://articles.mercola.com/sites/articles/archive/2015/12/28/magnesium-atp.aspx.

5. Mark Sisson, "Managing Your Mitochondria," Mark's Daily Apple, October 20, 2011, www.marksdailyapple.com/managing-your-mitochondria/.

6. Sisson, Ibid.

7. Yann Saint-Georges -Chaumet, “Microbiota-Mitochondria Inter-Talk: Consequence for Microbiota-Host Interaction,” PubMed. gov, February 2016, www.ncbi.nlm.nih.gov/pubmed/26500226.

8. Sandee LaMotte, “Woman Claims Her Body Brews Alcohol, Has DUI Charge Dismissed,” CNN, January 1, 2016, www.cnn.com/2015/12/31/health/auto-brewery-syndrome-dui-womans-body-brews-own-alcohol/index.html.

9. “Candidiasis,” Harvard Health Publishing, February 2013, www.health.harvard.edu/diseases-and-conditions/candidiasis.

10. “HIV-Related Candidiasis,” AIDSinfo, April 1, 1995, https://aidsinfo.nih.gov/news/174/hiv-related-candidiasis.

11. Qi Hui Sam, Matthew Wook Chang, and Louis Yi Ann Chai, “The Fungal Mycobiome and Its Interaction With Gut Bacteria in the Host,” PubMed Central, February 2017, www.ncbi.nlm.nih.gov/pmc/articles/PMC5343866/.

12. “Gut Microbiota Info,” Gut Microbiota for Health, www.gutmicrobiotaforhealth.com/en/about-gut-microbiota-info/.

13. “Bigger Brains: Complex Brains for a Complex World,” Smithsonian National Museum of Natural History, June 15, 2018, http://humanorigins.si.edu/human-characteristics/brains.

14. Megan Clapp et al., "Gut Microbiota's Effect on Mental Health: The Gut-Brain Axis," PubMed Central, September 15, 2017, www.ncbi.nlm.nih.gov/pmc/articles/PMC5641835.

15. Carolyn Gregoire, "Probiotics May One Day Be Used to Treat Depression," *The Huffington Post*, April 17, 2015, www.huffingtonpost.com/2015/04/17/probiotics-depression_n_7064030.html.

16. Rasnik K. Singh et al., "Influence of Diet on the Gut Microbiome and Implications for Human Health," *Journal of Translational Medicine*, April 8, 2017, https://translational-medicine.biomedcentral.com/articles/10.1186/s12967-017-1175-y.

17. Elizabeth Laseter, "Your Body Treats Fast Food Like a Bacterial Infection, According to Recent Study," *Cooking Light*, January 17, 2018, www.cookinglight.com/news/recent-study-shows-fast-food-may-damage-immune-system.

18. Emily Courtney, "Your Microbiome on Sugar," Hyperbiotics, www.hyperbiotics.com/blogs/recent-articles/your-microbiome-on-sugar.

19. Carol Potera, "Asthma: A Gut Reaction to Antibiotics," PubMed Central (June 2005), www.ncbi.nlm.nih.gov/pmc/articles/PMC1257633/.

20. P. Gumowski et al., "Chronic Asthma and Rhinitis Due to Candida Albicans, Epidermophyton, and Trichophyton," PubMed.gov, July1987, www.ncbi.nlm.nih.gov/pubmed/3605797.

21. Abdulbari Bener et al., "The Impact of Vitamin D Deficiency on Asthma, Allergic Rhinitis, and

Wheezing in Children: An Emerging Public Health Problem," PubMed Central, September–December 2014, www.ncbi.nlm.nih.gov/pmc/articles/PMC4214003/.

22. Joan Hui Juan Lim et al., "Bimodal Influence of Vitamin D in Host Response to Systemic Candida Infection-Vitamin D Dose Matters," PubMed.gov, August 15, 2015, www.ncbi.nlm.nih.gov/pubmed/25612733.

23. John H. White "Vitamin D Signaling, Infectious Diseases, and Regulation of Innate Immunity," September 2008, http://iai.asm.org/content/76/9/3837.full.

24. "Allergies and Asthma: They Often Occur Together," Mayo Clinic, February 13, 2016, www.mayoclinic.org/diseases-conditions/asthma/in-depth/allergies-and-asthma/art-20047458.

25. Claudia Wallis, "How Gut Bacteria Help Make Us Fat and Thin," *Scientific American*, June 1, 2014, www.scientificamerican.com/article/how-gut-bacteria-help-make-us-fat-and-thin.

26. Robert H. Lustig, "Sickeningly Sweet: Does Sugar Cause Type 2 Diabetes? Yes," *Canadian Journal of Diabetes*, August 2016, www.canadianjournalofdiabetes.com/article/S1499-2671(15)30072-1/fulltext.

27. "Prebiotics Reduce Body Fat in Overweight Children," ScienceDaily, June 7, 2017, www.sciencedaily.com/releases/2017/06/170607123949.htm.

28. Joseph Mercola, "Neurologist Speaks Out About the Importance of Gut Health for Prevention and Treatment of 'Incurable' Neurological Disorders," Mercola.com, May 17, 2015, https://articles.mercola.

com/sites/articles/archive/2015/05/17/gut-bacteria-brain-health.aspx.

29. Kathleen Doheny, "Eating Trans Fats Linked to Depression," WebMD, January 26, 2011, https://www.webmd.com/food-recipes/news/20110126/eating-trans-fats-linked-to-depression#1.

30. Food and Drug Administration, changes to the Nutrition Facts Label, www.fda.gov/Food/GuidanceRegulation/GuidanceDocumentsRegulatoryInformation/LabelingNutrition/ucm385663.htm.

31. John Casey, "The Truth About Fats," WebMD, February 3, 2003, www.webmd.com/women/features/benefits-of-essential-fats-and-oils#1.

32. Silvia Manzanero et al., "Intermittent Fasting Attenuates Increases in Neurogenesis After Ischemia and Reperfusion and Improves Recovery," PubMed Central, February 19, 2014, www.ncbi.nlm.nih.gov/pmc/articles/PMC4013772.

33. Mark P. Mattson, Intermittent Fasting and Caloric Restriction Ameliorate Age-Related Behavioral Deficits in the Triple- Transgenic Mouse Model of Alzheimer's Disease, April 2007, www.sciencedirect.com/science/article/pii/S0969996106003251.

第五章

1. Dave Asprey, "Is Nicotine the Next Big Smart Drug?" Bulletproof Blog, December 1, 2015, https://blog.bulletproof.com/is-nicotine-the-next-big-smart-drug/.

2. Tabitha M. Powledge, "Nicotine as Therapy," PubMed Central, November 16, 2004, www.ncbi.nlm.nih.gov/pmc/articles/PMC526783/.

3. John Heritage, "The Fate of Transgenes in the Human Gut," *Nature Biotechnology*, February 2004, www.biosafety-info.net/file_dir/697848857c49a7da2.pdf.

4. Heritage, Ibid.

5. William J. Walsh, "Elevated Blood Copper/Zinc Ratios in Assaultive Young Males," 1996, www.ncbi.nlm.nih.gov/pubmed.

6. "Recommendation for Vitamin D Intake Was Miscalculated, Is Far Too Low, Experts Say," ScienceDaily, March 17, 2015, www.sciencedaily.com/releases/2015/03/150317122458.htm.

7. Atli Arnarson, "7 Signs and Symptoms of Magnesium Deficiency," Healthline, December 15, 2017, www.healthline.com/nutrition/magnesium-deficiency-symptoms.

8. Arnarson, Ibid.

9. Wisit Cheungpasitporn et al., "Hypomagnesaemia Linked to Depression: A Systematic Review and Meta-Analysis," PubMed.gov, April 2015, www.ncbi.nlm.nih.gov/pubmed/25827510.

10. S.W. Golf et al., "Plasma Aldosterone, Cortisol and Electrolyte Concentrations in Physical Exercise After Magnesium Supplementation," PubMed.gov, November 1984, www.ncbi.nlm.nih.gov/pubmed/6527092.

11. Nahla Hwalla et al., "The Prevalence of Micronutrient Deficiencies and Inadequacies in the Middle East and Approaches to Interventions," PubMed Central, March 2017, www.ncbi.nlm.nih.gov/pmc/articles/PMC5372892/.
12. I-Fang Mao, Mei-Lien Chen, and Yuan-Ching Ko, "Electrolyte Loss in Sweat and Iodine Deficiency in a Hot Environment," PubMed.gov, May–June 2001, www.ncbi.nlm.nih.gov/pubmed/11480505.
13. Victoria Hendrick, Lori Altshuler, and Peter C. Whybrow, "Psychoneuroendocrinology of Mood Disorders-The Hypothalamic-Pituitary-Thyroid Axis," PubMed.gov, June 1998, www.ncbi.nlm.nih.gov/pubmed/9670226/.
14. David Jockers, "Warning Signs of a B_{12} Deficiency," DrJockers.com, https://drjockers.com/warning-signs-b12-deficiency/.
15. Jockers, Ibid.
16. Willow Lawson, "Be Healthy With B_{12}," *Psychology Today*, February 1, 2004, www.psychologytoday.com/articles/200402/be-healthy-b12.
17. M.A. Reger, Effects of Beta-Hydroxybutyrate on Cognition in Memory-Impaired Adults, March 2004, www.ncbi.nlm.nih.gov/pubmed/15123336#.
18. Ward Dean, "Beneficial Effects on Energy, Atherosclerosis and Aging," April 2013, https://nutritionreview.org/2013/04/medium-chain-triglycerides-mcts/.

19. H. Takeuchi, "The Application of Medium-Chain Fatty Acids: Edible Oil with a Suppressing Effect on Body Fat Accumulation," 2008, www.ncbi.nlm.nih.gov/pubmed/18296368.
20. "10 Powerful Zinc Benefits, Including Fighting Cancer," Dr. Axe, https://draxe.com/zinc-benefits/.
21. Gabriel Nowak, Bernadeta Szewczyk, and Andrzej Pilc, "Zinc and Depression. An Update," *Pharmacological Reports* 57, 2005, www.if-pan.krakow.pl/pjp/pdf/2005/6_713.pdf.
22. Zinc & Aggression: www.organicconsumers.org/newsletter/organic-bytes-55-food-and-consumer-news-tidbits-edge/junk-food-diets-promote-youth.

第六章

1. Hannah Nichols, "What Does Caffeine Do to Your Body?" *Medical News Today*, October 16, 2017, www.medicalnewstoday.com/articles/285194.php.
2. "Caffeine," WebMD, www.webmd.com/vitamins-supplements/ingredientmono-979-caffeine.aspx?activeingredientid=979.
3. "11 Science-Backed Health Benefits of Yerba Mate," Brain Wiz, https://brainwiz.org/brain-hacks/health-benefits-yerba-mate/.
4. Ibid.
5. Kenta Kimura et al., "L-Theanine Reduces Psychological and Physiological Stress Responses,"

PubMed.gov, January 2007, www.ncbi.nlm.nih.gov/pubmed/16930802.
6. "What Is It About Coffee?" Harvard Health Publishing, January 2012, www.health.harvard.edu/staying-healthy/what-is-it-about-coffee.
7. J.W. Bennett and M. Klich, "Mycotoxins," PubMed Central, July 2003, www.ncbi.nlm.nih.gov/pmc/articles/PMC164220.
8. Irène Studer-Rohr et al., "The Occurrence of Ochratoxin A in Coffee," ScienceDirect, May 1995, www.sciencedirect.com/science/article/pii/027869159400150M?viapercent3Dihub.
9. Kieran Clarke, "Kinetics, Safety and Tolerability of (R)-3-hydroxybutyl (R)-3-hydroxybutyrate in Healthy Adult Subjects," October 2013, www.ncbi.nlm.nih.gov/pmc/articles/PMC3810007/.
10. David Shurtleff et al., "Tyrosine Reverses a Cold-Induced Working Memory Deficit in Humans," PubMed.gov, April 1994, www.ncbi.nlm.nih.gov/pubmed/8029265.
11. Marty Hinz et al., "Treatment of Attention Deficit Hyperactivity Disorder With Monoamine Amino Acid Precursors and Organic Cation Transporter Assay Interpretation," PubMed Central, January 26, 2011, www.ncbi.nlm.nih.gov/pmc/articles/PMC3035600/.
12. "L-Tyrosine," WebMD, www.webmd.com/vitamins/ai/ingredientmono-1037/tyrosine.
13. Michael S. Ritsneretal.,"L-Theanine Relieves Positive, Activation, and Anxiety Symptoms in Patients With Schizophrenia and Schizoaffective Disorder: An 8-Week, Randomized, Double-Blind, Placebo-

Controlled, 2-Center Study," PubMed.gov, January 2011, www.ncbi.nlm.nih.gov/pubmed/21208586.
14. Chan Hee Song et al., "Effects of Theanine on the Release of Brain Alpha Wave in Adult Males," KoreaMed, November 2003, www.koreamed.org/SearchBasic.php?RID=0124KJN/2003.36.9.918).
15. Song et al., Ibid.
16. Gail Owen et al., "The Combined Effects of L-Theanine and Caffeine on Cognitive Performance and Mood," PubMed.gov, August 2008, www.ncbi.nlm.nih.gov/pubmed/18681988.
17. "L-Theanine," WebMD, www.webmd.com/vitamins/ai/ingredientmono-1053/theanine.
18. Ruud Vermeulen and Hans R. Scholte, "Exploratory Open Label, Randomized Study of Acetyl- and Propionylcarnitine in Chronic Fatigue Syndrome," PubMed.gov, March–April 2004, www.ncbi.nlm.nih.gov/pubmed/15039515.
19. Youn-Soo Cha et al.,"Effects of Carnitine Coingested Caffeine on Carnitine Metabolism and Endurance Capacity in Athletes," PubMed.gov, December 2001, www.ncbi.nlm.nih.gov/pubmed/11922111.
20. "L-Carnetine," WebMD, www.webmd.com/vitamins/ai/ingredientmono-1026/l-carnitine.
21. Kate Kelland, "Is Nicotine All Bad?" *Scientific American*, www.scientificamerican.com/article/is-nicotine-all-bad/.
22. William K.K. Wuand Chi Hin Cho, "The Pharmacological Actions of Nicotine on the Gastrointestinal Tract," J-STAGE, January 9, 2004, www.jstage.jst.go.jp/article/jphs/94/4/94_4_348/_pdf.

23. "Ginkgo Biloba Benefits Energy, Mood & Memory," Dr. Axe, https://draxe.com/ginkgo-biloba-benefits/.
24. "7 Proven Benefits of Quercetin (#1 Is Incredible)," Dr. Axe, https://draxe.com/quercetin/.
25. "Citicoline," WebMD, www.webmd.com/vitamins-supplements/ingredientmono-1090-CITICOLINE.aspx.
26. Mendel Friedman, "Chemistry, Nutrition, and Health-Promoting Properties of Hericium Erinaceus (Lion's Mane) Mushroom Fruiting Bodies and Mycelia and Their Bioactive Compounds," PubMed.gov, August 2015, www.ncbi.nlm.nih.gov/pubmed/26244378.
27. Matthew P. Pase et al., "The Cognitive-Enhancing Effects of Bacopa Monnieri: A Systematic Review of Randomized, Controlled Human Clinical Trials," PubMed.gov, July 2012, www.ncbi.nlm.nih.gov/pubmed/22747190.
28. Carlo Calabrese et al., "Effects of a Standardized Bacopa Monnieri Extract on Cognitive Performance, Anxiety, and Depression in the Elderly: A Randomized, Double-Blind, Placebo-Controlled Trial," PubMed Central, July 2008, www.ncbi.nlm.nih.gov/pmc/articles/PMC3153866/.
29. Lucilla Parnetti, Francesco Amenta, and Virgilio Gallai, "Choline Alphoscerate in Cognitive Decline and in Acute Cerebrovascular Disease: An Analysis of Published Clinical Data," PubMed.gov, November 2001, www.ncbi.nlm.nih.gov/pubmed/11589921.

30. Parnetti et al., Ibid.

31. Sana Ishaque et al., "Rhodiola Rosea for Physical and Mental Fatigue: A Systematic Review," PubMed.gov, May 29, 2012, www.ncbi.nlm.nih.gov/pubmed/22643043.

32. Bystritsky, A et al. A Pilot Study of Rhodiola rosea for Generalized Anxiety Disorder (GAD), 2008, www.ncbi.nlm.nih.gov/pubmed/18307390.

33. Maciej Gasior, Michael A. Rogawski, and Adam L. Hartman, "Neuroprotective and Disease-Modifying Effects of the Ketogenic Diet," PubMed Central, May 5, 2008, www.ncbi.nlm.nih.gov/pmc/articles/PMC2367001.

34. "31 Surprising Health Benefits of Taurine—With Mechanisms and Side Effects," Selfhacked, www.selfhacked.com/blog/taurine-benefits/.

35. "KetoPrime," Bulletproof, www.bulletproof.com/ketoprime?utm_source=post&utm_campaign=13_nootropics&utm_medium=blog.

36. "Kado-3," HVMN, https://hvmn.com/kado-3.

第七章

1. Kimberly Amadeo, "Hurricane Irma Facts, Damage, and Costs," The Balance, March 27, 2018, www.thebalance.com/hurricane-irma-facts-timeline-damage-costs-4150395.

2. Annual Stress Survey: American Psychological Association, 2017, www.apa.org/news/press/releases/stress/2017/state-nation.pdf.

3. Gloria Mark, Daniela Gudith, and Ulrich Klocke, "The Cost of Interrupted Work: More Speed and Stress," UCI Donald Bren School of Information & Computer Sciences, www.ics.uci.edu/~gmark/chi08-mark.pdf.

4. "Actual User Data Confirms That TouchPoints Reduce Stress By 74% in 30 Seconds," Shopify, January 25, 2017, https://cdn.shopify.com/s/files/1/1529/9657/files/TouchPoints_Data_Reducing_Stress_115f137b-10f9-466a-9a1b-2bc34aeb793e.pdf.

5. Richard J. Davidson et al., "Alterations in Brain and Immune Function Produced by Mindfulness Meditation," *Psychosomatic Medicine* 65, July 2003, https://journals.lww.com/psychosomaticmedicine/Abstract/2003/07000/Alterations_in_Brain_and_Immune_Function_Produced.14.aspx.

6. Melissa A. Rosenkranz et al., "A Comparison of Mindfulness- Based Stress Reduction and an Active Control in Modulation of Neurogenic Inflammation," ScienceDirect, January 2013, www.sciencedirect.com/science/article/pii/S0889159112004758.

7. Barbara L. Fredrickson et al., "Open Hearts Build Lives: Positive Emotions, Induced Through Loving-Kindness Meditation, Build Consequential Personal Resources," APA PsycNET (2008), http://psycnet.apa.org/record/2008-14857-004.

8. Wiveka Ramel et al., “The Effects of Mindfulness Meditation on Cognitive Processes and Affect in Patients With Past Depression,” Springer Link (August 2004), https://link.springer.com/article/10.1023/B:COTR.0000045557.15923.96.

9. Albert J. Arias et al., “Systematic Review of the Efficacy of Meditation Techniques as Treatments for Medical Illness,” Mary Ann Liebert, Inc. Publishers (October 11, 2006), www.liebertpub.com/doi/abs/10.1089/acm.2006.12.817.

10. Shauna L. Shapiro et al., “Mindfulness-Based Stress Reduction for Health-Care Professionals: Results From a Randomized Trial,” APA PsycNET, 2005, http://psycnet.apa.org/record/2005-05099-004.

11. Hooria Jazaieri et al., “A Randomized Controlled Trial of Compassion Cultivation Training: Effects on Mindfulness, Affect, and Emotion Regulation,” The Center for Compassion and Altruism Research and Education, June 13, 2013, http://ccare.stanford.edu/article/jazaieri-h-mcgonigal-k-jinpa-t-doty-j-r-gross-j-j-golden-p-r-2013-a-randomized-controlled-trial-of-compassion-cultivation-training-effects-on-mindfulness-affect-and-emotion/.

12. Traci Pedersen, “Meditation Produces Opposite Effect of ‘Fight or Flight,’” PsychCentral, October 6, 2015, https://psychcentral.com/news/2013/05/04/meditation-produces-opposite-ef-fect-of-fight-or-flight/54449.html.

第八章

1. Vinoth K. Ranganathan et al., "From Mental Power to Muscle Power—Gaining Strength by Using the Mind," PubMed.gov (2004), www.ncbi.nlm.nih.gov/pubmed/14998709.
2. "Sleep Disorders," Health Resources & Services Administration (2011), https://mchb.hrsa.gov/whusa11/hstat/hshi/downloads/pdf/224sd.pdf.
3. Francesco P. Cappuccio, Michelle A. Miller, and Steven W. Lockley, "Sleep, Health, and Society: The Contribution of Epidemiology," Oxford Scholarship Online, January 2011, www.oxfordscholarship.com/view/10.1093/acprof:oso/9780199566594.001.0001/acprof-9780199566594-chapter-1.
4. A.M. Williamson and Anne-Marie Feyer, "Moderate Sleep Deprivation Produces Impairments in Cognitive and Motor Performance Equivalent to Legally Prescribed Levels of Alcohol Intoxication," National Center for Biotechnology Information, June 15, 2000, www.ncbi.nlm.nih.gov/pmc/articles/PMC1739867/pdf/v057p00649.pdf.
5. Massimiliano de Zambotti et al., "The Sleep of the Ring: Comparison of the OURA Sleep Tracker Against Polysomnography," PubMed.gov, March 2017, www.ncbi.nlm.nih.gov/pubmed/28323455.
6. Kaisa, "Understanding Sleep Quality," Oura, https://help.ouraring.com/sleep/understanding-sleep-quality.
7. John Cline, "The Mysterious Benefits of Deep Sleep," *Psychology Today*, October 11, 2010, www.

psychologytoday.com/us/blog/sleepless-in-america/201010/the-mysterious-benefits-deep-sleep.

8. Haya Al Khatib et al., "The Effects of Partial Sleep Deprivation on Energy Balance: A Systematic Review and Meta-Analysis," Nature.com, November 2, 2016, www.nature.com/articles/ejcn2016201.

9. Elsevier, "Loss of Sleep, Even for a Single Night, Increases Inflammation in the Body," ScienceDaily, www.sciencedaily.com/releases/2008/09/080902075211.htm.

10. Daniel F. Kripke, Robert D. Langer, and Lawrence E. Kline, "Hypnotics' Association With Mortality or Cancer: A Matched Cohort Study," BMJ Open, 2012, http://bmjopen.bmj.com/content/2/1/e000850.

11. Maija-Liisa Laakso et al., "Twenty-Four-Hour Patterns of Pineal Melatonin and Pituitary and Plasma Prolactin in Male Rats Under 'Natural' and Artificial Lighting," PubMed.gov, September 1988, www.ncbi.nlm.nih.gov/pubmed/3185865.

12. Lisa Marshall, "Melatonin Benefits, Risks: What You Need to Know," WebMD, October 5, 2017, www.webmd.com/sleep-disorders/news/20171004/is-natural-sleep-aid-melatonin-safe.

13. Alex Fergus, "How to Increase Deep Sleep," AlexFergus.com, www.alexfergus.com/blog/how-to-increase-deep-sleep.

14. Ian Sample, "Sleep 'Resets' Brain Connections Crucial for Memory and Learning, Study Reveals," *The Guardian*, August 23, 2016, www.theguardian.com/science/2016/aug/23/sleep-resets-brain-connections-crucial-for-memory-and-learning-study-reveals.

15. "Submodalities," NLP World, www.nlpworld.co.uk/nlp-glossary/s/submodalities/.

第九章

1. Elizabeth A.R. Robinson et al., "Six-Month Changes in Spirituality and Religiousness in Alcoholics Predict Drinking Outcomes at Nine Months," PubMed Central, July 2011, www.ncbi.nlm.nih.gov/pmc/articles/PMC3125889/.
2. Arlener D. Turner, Christine E. Smith, and Jason C. Ong, "Is Purpose in Life Associated With Less Sleep Disturbance in Older Adults?" *Sleep Science and Practice* 1, no. 14, 2017, https://sleep.biomedcentral.com/track/pdf/10.1186/s41606-017-0015-6.
3. Mark Wheeler, "Be Happy: Your Genes May Thank You for It," UCLA Newsroom, July 29, 2013, http://newsroom.ucla.edu/releases/don-t-worry-be-happy-247644.
4. Teal Burrell, "A Sense of Purpose Can Keep You Healthy," Support for People with Aspergillosis, January 31, 2017, www.nacpatients.org.uk/content/a-sense-of-purpose-can-keep-you-healthy.

第十章

1. "High Blood Pressure and Food Allergies," IBS Treatment Center, https://ibstreatmentcenter.com/2012/05/high-blood-pressure-and-food-allergies-2.html.

翻轉學　翻轉學系列 016

學矽谷人做身體駭客，保持體能巔峰

90 天科學飲食、體能計畫，讓腦力、體力、心智發揮 100%

Unstoppable: A 90-Day Plan to Biohack Your Mind and Body for Success

作　　者　班・安杰（Ben Angel）
譯　　者　姚怡平
總 編 輯　何玉美
主　　編　林俊安
特約編輯　許景理
封面設計　FE 工作室
內文排版　黃雅芬

出版發行　采實文化事業股份有限公司
行銷企劃　陳佩宜・黃于庭・馮羿勳・蔡雨庭
業務發行　張世明・林踏欣・林坤蓉・王貞玉
國際版權　王俐雯・林冠妤
印務採購　曾玉霞
會計行政　王雅蕙・李韶婉
法律顧問　第一國際法律事務所　余淑杏律師
電子信箱　acme@acmebook.com.tw
采實官網　www.acmebook.com.tw
采實臉書　www.facebook.com/acmebook01

I S B N　978-986-507-020-5
定　　價　380 元
初版一刷　2019 年 7 月
劃撥帳號　50148859
劃撥戶名　采實文化事業股份有限公司
104 台北市中山區南京東路二段 95 號 9 樓
電話：(02)2511-9798　傳真：(02)2571-3298

國家圖書館出版品預行編目資料

學矽谷人做身體駭客，保持體能巔峰：90 天科學飲食、體能計畫，讓腦力、體力、心智發揮 100% / 班・安杰（Ben Angel）著；姚怡平譯 . – 台北市：采實文化，2019.07
376 面；14.8×21 公分 . --（翻轉學系列；16）
譯自：Unstoppable: A 90-Day Plan to Biohack Your Mind and Body for Success
ISBN 978-986-507-020-5（平裝）
1. 成功法　2. 自我實現
177.2　　108008708

翻轉學

翻轉學